KLEINE AUSZEITEN
IN
-OBERBAYERN-

KLEINE AUSZEITEN IN

-OBERBAYERN-

LISA & WILFRIED BAHNMÜLLER

WOCHENEND & WOHNMOBIL

CAMPING- & STELLPLÄTZE · HIGHLIGHTS · AKTIVITÄTEN

BRUCKMANN

INHALT

AUSZEIT IN OBERBAYERN

Zwischen Seen und Bergen

Frühling am Waginger See

Eine atemberaubende, kontrastreiche Landschaft, geprägt vom Wechsel der mächtigen Berge mit grünen Hügeln und vielen Seen: dieses Bild charakterisiert das südliche Oberbayern. Es zählt zu den schönsten Landschaften Deutschlands.

Die Landschaft beginnt im Osten mit dem wilden, von hohen Gipfeln dominierten Berchtesgadener Land, dem sich der reizvolle Rupertiwinkel anschließt, der nur durch die Salzach von Österreich getrennt ist. Dann folgt das liebliche Chiemgau mit seinen Seen. Der größte von ihnen, der Chiemsee, hat seinen Namen für diesen Landstrich hergeben müssen. Einen ganz eigenen Charakter hat schließlich das Inntal, ist es doch schon seit der Römerzeit einer der wichtigsten Verkehrswege von Süden nach Norden. Weiter Richtung Westen beginnt das bayerische Oberland mit seinen Bergen rund um Schliersee und Tegernsee. Fast fließend ist der Übergang zum Tölzer Land mit seinem Isarwinkel und dem Loisachtal. Weil die Berge von München aus so bequem zu erreichen sind, bezeichnet man sie gerne als Münchner Hausberge. Direkt vor den Toren Münchens liegt das Fünfseenland. Neben drei kleineren Seen bieten gerade der große Starnberger See und der Ammersee viel Naherholung und natürlich jede Menge Wassersportmöglichkeiten. Ganz im Süden liegt das Werdenfelser Land mit seinen markanten Orten Mittenwald und Garmisch-Partenkirchen in einem großen Talkessel. Die Region westlich davon wird Pfaffenwinkel genannt, weil sie von vielen großen und kleinen Klöstern geprägt wurde. Zu Recht wird der Landstrich als »Herrlichkeit auf Erden« beschrieben. Und ganz im Westen schließt sich schlussendlich das Ostallgäu an, dessen Ausläufer noch auf unseren Routen liegen.

EINE LANDSCHAFT FÜR VIELE AUSZEITEN

Alles in allem bietet Oberbayern eine Landschaft, in der wir mehrere Wochen Urlaub verbringen müssten, um es nur annähernd kennenzulernen. Deshalb haben wir in diesem Buch einige der schönsten Wochenendausflüge und Kurztrips zwischen Salzach und Lech zusammengestellt. Nichts hält uns zurück und wir ziehen einfach los! Garantiert stellt sich nach dem ersten Kurzurlaub dieses unglaublich schöne Gefühl der Vorfreude auf die nächste Auszeit mit dem Wohnmobil im südlichen Oberbayern ein.

GRENZENLOSE FREIHEIT?

Ein Wochenendtrip in einem Wohnmobil ist definitiv mehr als nur »Schlafen auf vier Rädern«. Egal ob in einem VW-Bus, in einem ausgebauten Kleintransporter, in einem Wohnmobil oder Wohnwagen oder in einem Luxusliner: Reisen mit dem eigenen Bett verspricht immer Unabhängigkeit, Spontaneität und grenzenlose Freiheit.

Allerdings entspricht diese »grenzenlose Freiheit«, die vor allem die Hersteller und Verkäufer von Wohnmobilen versprechen, nicht ganz der Realität. Da mittlerweile sehr viele Wohnmobile unterwegs sind, haben viele Gemeinden begonnen, diesen Strom zu kanalisieren. Wildparker sind in den meisten Gemeinden nicht gerne gesehen und viele Parkplätze, die man ansonsten anfahren könnte, haben Parkverbotsschilder für Wohnmobile. Im Extremfall, wie am Walchensee, werden alle, die trotz nächtlichen Parkverbots am Südufer stehen, auch mitten in der Nacht geweckt, und – mit einem Bußgeld versehen – weitergeschickt.

Natürlich gibt es auch Plätze, an denen man eine Nacht unbesorgt stehen bleiben darf. Das ist theoretisch auch in ganz Deutschland möglich: immer für eine Nacht und zur Wiederherstellung der Fahrtüchtigkeit. Es gibt aber Ausnahmefälle, in denen dieses Recht nicht gilt, so z. B. in Landschaftsschutzgebieten. Und weil sich das von heute auf morgen auch ändern kann, haben wir uns entschlossen, solche »wilden Plätze« nicht anzugeben.

STELL- UND CAMPINGPLÄTZE

Stattdessen haben wir ausschließlich Stell- und Campingplätze ausgesucht. Das entspannt die Situation und alle Wohnmobilisten sind damit auf der sicheren Seite. Für all diejenigen, die sich noch nicht gut auskennen: Ein Stellplatz ist eigentlich nichts anders als ein gewöhnlicher Parkplatz, der aber für Wohnmobile aller Couleur reserviert ist. Für Campingstühle neben dem Wohnmobil ist fast nie Platz. Wer sie dennoch aufstellt, nimmt dem nächsten Gast einen Platz weg und ist deswegen nicht gerne gesehen. Man bezahlt, ähnlich wie für einen PKW, an einem Parkautomaten. Das ist in den meisten Fällen so üblich und deswegen raten wir, immer genügend Kleingeld parat zu haben. An moderne, bargeldlose Online-Parksysteme wie z. B. Parkster oder ParkNow sind bis dato die wenigsten Stellplätze angeschlossen. Aber zumindest leisten sich immer mehr Gemeinden den

Luxus, Frischwasser und Strom, manchmal sogar Duschen und Toiletten sowie Stellen für die Grauwasser- und Chemietoiletten-Entsorgung anzubieten. Das sollte man auf alle Fälle nutzen. Die Nacht auf diesen Stellplätzen ist meistens günstiger als auf einem Campingplatz.

Dafür sind Campingplätze deutlich luxuriöser, wir haben mehr Platz »rund um unser Bett«. Wir können unsere Tische und Stühle großzügiger ausbreiten und meist werden neben den Dusch- und Waschräumen noch viele weitere Annehmlichkeiten wie Kiosk, Restaurant und Spielplatz geboten. Dennoch und trotz aller Beschränkungen ist ein großes Stück Freiheit für uns Wohnmobilisten geblieben. Das Problem, spontan ein Zimmer für die Nacht zu finden, entfällt vollkommen. In den 40 Jahren, die wir bereits mit dem Wohnmobil reisen, haben wir immer einen Stellplatz zum Übernachten gefunden.

Doch mit das Beste am Reisen mit dem Wohnmobil ist, dass wir nicht nur unsere Couch zu Hause verlassen, sondern auch unsere heimische Komfortzone. Unser »rollendes Hotel« bringt uns unkompliziert zu den schönsten Plätzen, die wir vielleicht noch nicht kennen, aber schon immer einmal kennenlernen wollten. So erleben wir große und kleine Abenteuer, schwingen uns auf die Räder oder gehen wandern. Sehenswürdigkeiten warten auf uns und neue Bekanntschaften wollen geschlossen werden. Und das Wichtigste: Wir genießen eine wertvolle gemeinsame Zeit!

◄ Oberbayerisches Fleckvieh

► Gut, wenn nach einem deftigen Essen das eigene Bett nah ist.

BAD BAYERSOIEN

Badeurlaub im Moor

Bad Bayersoien liegt am Rand der Ammergauer Alpen.

Bad Bayersoien ist ein kleiner Moorkurort, der vor allem mit seinem wunderbaren Moorsee punktet: dem Soier See. Dieses Naturjuwel erwärmt sich sehr schnell, so dass man hier das perfekte Bade- und Erholungswochenende verbringen kann.

Das Dorf Bayersoien liegt auf ein paar Moränenhügeln am Ufer eines kleinen Sees, der zu den großen Moorflächen gehört, die sich nördlich von Bad Kohlgrub erstrecken. Diese Lage hatte große Vorteile für die ersten Siedler. Auf den Hügeln war der Untergrund trocken, ideal für einen Hausbau. Zwischen den Hügeln konnte man Ackerbau betreiben und der See lieferte mit seinen Fischen zusätzlich Nahrung.

Diese Landschaftsform – mit Hügeln umgeben von Feldern und kleinen Wäldern, mit Mooren, garniert mit flachen Seen – ist typisch für das ganze Voralpenland. Es wurde vor über 10 000 Jahren nach der letzten Eiszeit geformt. Die Gletscher hatten Hügel, sogenannte Moränen, aufgeworfen, dazwischen lagen mehr oder weniger große Seen, die von Bächen durchflossen waren. Das Wasser brachte von den Bergen Kies und Geröll mit und füllte die Seen langsam auf. Einmal trockengelegt, wurden nach der Kolonisierung des Landes Wiesen oder Wälder daraus. Seen ohne Zufluss aus dem Gebirge verlandeten vom Ufer her.

Denn Pflanzenreste, die ins Wasser fallen, verrotten nicht, weil das Wasser arm an Sauerstoff ist. Sie sinken zu Boden und sind damit für immer konserviert. Im Laufe der Jahrtausende wurden sie unter dem stetig wachsenden Druck neuer Schichten zu Torf. Das ging, für geologische Verhältnisse, sehr schnell. Torf wächst pro Jahr rund 1 Millimeter. Das kann man im Moor bei Bad Bayersoien gut nachvollziehen: Die dicksten Schichten sind über 7 Meter mächtig, also gut 7000 Jahre alt. Die ersten Siedler bauten den Torf als Brennstoff ab. Durch das Nachwachsen schien er unbegrenzt vorhanden zu sein. Kritisch wurde es erst, als der Abbau in der zweiten Hälfte des vergangenen Jahrhunderts maschinell betrieben wurde. Zum Glück hat man noch rechtzeitig erkannt, wie wichtig Moore für unsere Umwelt sind. Vor allem ihre Fähigkeit, große Mengen Wasser schnell zu speichern, ist von enormer Bedeutung, um Überschwemmungen abzumildern oder gar zu verhindern. Deshalb sind heute viele Moore unter Schutz gestellt und werden, als Investition in die Zukunft, sogar wieder renaturiert.

1

DORFBUMMEL DURCH BAD BAYERSOIEN

Groß ist das Dorf nicht, aber ein kleiner Rundgang lohnt sich auf jeden Fall. Unübersehbar thront die Pfarrkirche St. Georg über dem Ort. Ihre Decke im Inneren ist mit zartem Wessobrunner Stuck geschmückt. Rund um die Kirche liegen die ältesten Bauernhäuser. Ein ganz besonderes darunter ist das Bierlinghaus, in dem heute ein Heimatmuseum untergebracht ist. Die Bierlings waren eine Kaufmannsfamilie aus Bayersoien. Sie hatten das Amt des Salzfaktors inne, d. h. sie verwalteten, hüteten und verkauften von Amts wegen Salz, das zu Zeiten des Salzmonopols als weißes Gold galt. Außerdem betrieben sie eine Gastwirtschaft und einen Eisenhandel und waren somit die angesehenste Familie im Ort. Das Museum berichtet über ihr Leben, aber auch ihre Nöte, und zeigt, wie sie wohnten.

Nach dem Besuch können wir uns zu einem kleinen Spaziergang hinauf zur Aussichtskapelle am höchsten Punkt des Ortes, zur Kriegergedächtniskapelle, machen.

Der Moorerlebnisweg rund um den See macht auch Erwachsenen viel Spaß.

◀ Nach einer gesunden Moorpackung kann man sich im See wieder reinigen.
▶ Ein Hexenbaum

DAS BESTE IN BAD BAYERSOIEN ist mit Sicherheit der wunderbare Moorsee. Er eignet sich nicht nur für einen herrlichen Badetag, es macht auch viel Spaß und Freude, um ihn herumzuwandern. Vom Wohnmobilstellplatz wandern wir einfach unter der B 23 hindurch auf der Dorfstraße in Richtung Ortsmitte. Kurz nach dem Gästehaus Blumenhof bringt uns ein Wanderweg hinunter zum Ufer. In welcher Richtung wir um den See wandern, ist eigentlich egal. Wer links herum, also im Uhrzeigersinn wandert, trifft am Ende der Wanderung auf die Badeplätze am Kiosk Fischerhäusl. Das macht natürlich Sinn für alle, die ins Wasser springen wollen. Entlang der Strecke locken uns immer wieder abwechslungsreiche »Schikanen« weg vom Hauptweg. So wandern wir über Bohlenwege mitten durch das Moor, genießen auf Plattformen die Aussicht, testen über Balancierbalken und Pfähle unseren Gleichgewichtssinn und bewundern die Blumen auf den Feuchtwiesen. Egal, ob mit oder ohne Schuhwerk, denn der Rundweg ist gleichzeitig ein Barfußpfad. Lohnenswert ist übrigens auch die Wegschleife Kleiner Moorrundweg, die auf der nördlichen Uferseite beginnt (leicht, 2 Std., 50 Hm, 6 km). Dort kann man die Wanderung sogar noch mit einer Runde über den Vogellehrpfad ausdehnen. Ganz nach Lust und Laune.

▲ Echelsbacher Brücke ▼ Seerosen schaukeln im Wind

KLITZEKLEIN IST DAS Fischerhäusl, aber ausgesprochen gut ist sein Essen. Das Holzhäuschen ähnelt von außer eher einem Kiosk, aber innen ist es urig und gemütlich. Und vor der Hütte ist natürlich genügend Platz. Der Service ist ausgezeichnet und die Lage direkt am See unbezahlbar. Nur Anti-Mückenmittel sollte man im Sommer nicht vergessen!

Unweit von Bad Bayersoien liegt die 183 Meter lange Echelsbacherbrücke. Sie ist ein Architekturdenkmal aus den 1930er-Jahren. Mit ihrer 130 Meter langen Bogenspannweite war sie die am weitesten gespannte Melan-Bogenbrücke der Welt. Der Name stammt von ihrem Architekten Joseph Melan, der die Brückenbauweise aus Stahlbeton erfand. Die Brücke lässt sich gut mit dem Bus besichtigen oder am Tag der An- oder Abreise. Außerdem liegt nur wenige Fahrminuten davon entfernt die Schönegger Käsealm, eine wunderbare Einkehr- und Einkaufsmöglichkeit – noch dazu mit bester Aussicht.

AUF EINEN BLICK

STADT/REGION: Bad Bayersoien
BESTE REISEZEIT: Ende Mai bis September
OPTIMALE REISEDAUER: 1 bis 2 Tage
TOURISTINFORMATION: Kur- und Touristinfo Bad Bayersoien, Dorfstraße 45, 82435 Bad Bayersoien
Tel. 08845/703 06 20, www.ammergauer-alpen.de

WOHNMOBILSTELLPLATZ BAD BAYERSOIEN

ADRESSE: Am Bauhof 7, 82435 Bad Bayersoien,
Tel. 08845/703 06 10, www.ammergauer-alpen.de/bad-bayersoien/uebernachten/reisemobile-herzlich-willkommen
ANFAHRT: Garmischer Autobahn A 95, Ausfahrt Murnau, weiter über Bad Kohlgrub auf die B 23 Richtung Schongau. Erste Einfahrt nach Bad Bayersoien nehmen, der Stellplatz liegt am Bauhof südlich der B 23.
GPS: 47.687595, 10.997347

Der ganzjährig geöffnete, ebene Stellplatz bietet neben Stromanschlüssen auch eine Entsorgungsstation und Frischwassertankstelle. Der Stellplatz selbst ist nichts Besonderes, aber er liegt nur 300 Meter vom wunderschönen Bad Bayersoier See entfernt. Im Ort gibt es auch einen Bäcker und einen Dorfladen (nur vormittags geöffnet). Übrigens kann man den Zahlungsbeleg an der Touristinformation in eine Gästekarte umtauschen, damit sind neben freien Busfahrten viele Vergünstigungen verbunden sind. So lohnt sich die Stellplatzgebühr!

Am Stellplatz

GRAINAU

Am Fuss der Zugspitze

Deutschlands höchstgelegene Kapelle steht auf dem Zugspitzplatt.

Grainau steht im Schatten von Garmisch-Partenkirchen. Das Dorf ist einfach nicht so berühmt wie der Hauptort. Das hat auch sein Gutes. Es ist, allem Fremdenverkehr zum Trotz, eben ein Dorf geblieben. Ursprünglich hieß der Ort Gruenawe. Das bedeutet so viel wie grüne Au und verrät uns damit, was wir erwarten dürfen.

Am Stellplatz in Grainau angekommen, bietet sich gleich ein erster Erkundungsspaziergang an. Dazu nutzen wir die Gästekarte und nehmen den kostenlosen Bus nach Grainau. Die Haltestelle ist an der B 23 dicht am Campingplatz. Im Ortszentrum angekommen, können wir ohne großen Plan durch die Straßen bummeln: schön ist es überall. Es finden sich auch noch einige herrlich alte Bauernhöfe im Ortskern. Durch den weiten Kurpark kommen wir zum Zugspitzbad, in dem wir direkt mit Blick auf die Zugspitze noch eine Runde schwimmen können. Im Sommer ist der üppige Blumenschmuck auf den Balkonen eine wahre Freude.

 DAS GANZE JAHR über können wir in Grainau im Zugspitzbad (www.grainau.de) schwimmen. Das Innere bietet neben dem Pool auch einen Saunabereich (extra Kosten). Gerade im Sommer gibt es kaum ein Freibad, in dem wir mit einem so atemberaubenden Bergblick unsere Bahnen ziehen können.

Ebenfalls im Zentrum steht die Pfarrkirche von Grainau, St. Johannes Baptist. Ihr Zwiebelturm stammt zwar erst von 1927, trotzdem ist er zum Wahrzeichen von Grainau geworden. Interessant sind zwei Bilder in der Kirche. Auf dem Fresko *Mariens Gang durch das Gebirge* wandert Maria vor den Waxensteinen und der Altar zeigt ein Bild, auf dem Jesus am Eibsee getauft wird.

Wer möchte, kann vom Kurhaus den Spaziergang noch bis zum Badersee ausdehnen. Das kleine Geotop ist wunderschön und wird allzu oft völlig übersehen. Dabei können wir uns dort sogar Ruderboote ausleihen. Über den Törlenweg gelangen wir so nach gut 1 Stunde und 4,2 Kilometern zurück an den Oberen Dorfplatz. Von dort kehren wir dann entweder mit dem Bus wieder zu unserem Wohnmobil zurück oder wir wandern auf dem Zigeunerweg und die Schmölzstraße dorthin.

HÖHER GEHT ES NICHT MEHR: AUF DIE ZUGSPITZE

Einmal im Leben auf dem höchsten Punkt Deutschlands stehen. Diesen Wunsch können wir uns in Grainau erfüllen. Neben all den Wanderrouten gibt es nämlich auch einen ganz einfachen Weg hinauf zum höchsten Gipfelglück. Schnell und einfach, aber leider nicht ganz günstig ist die Auffahrt mit der neuen **Zugspitz-Gondelbahn** (www.zugspitze.de). Die neue Seilbahn – ein Wunderwerk der Technik – heimste gleich ein paar Einträge im *Guinnessbuch der Rekorde* ein. Einzigartig ist die 127 Meter hohe Stahlbaustütze – für Pendelbahnen ist sie die höchste der Welt. Überwunden wird der weltweit größte Gesamthöhenunterschied von 1945 Metern in einer Sektion, sowie das weltweit längste freie Spannfeld mit 3213 Metern. Drei Superlative, die alleine schon einen Ausflug wert sind. Aber das Beste daran ist, dass man die Auffahrt gut mit der Zugspitz-Zahnradbahn kombinieren kann. So sehen wir wirklich alles, denn nur mit der Zahnradbahn können wir auch das Zugspitzplatt mit seinen Schneefeldern besuchen. Aber auch ganz oben, rund um die Bergstation der Gondelbahn, ist viel geboten. Überwältigt von der Fernsicht auf unzählige Gipfel oder auf den Talkessel von Garmisch-Partenkirchen gönnen wir uns viel Zeit in der Höhenluft. Ein Abstecher auf die österreichische Seite der Zugspitze ist ein Muss und auch kulinarische Gelüste werden in zahlreichen Einkehrmöglichkeiten befriedigt.

Ehrlichkeitshalber wollen wir hinzufügen, dass wir mit der Gondelauffahrt noch nicht am wirklich höchsten Punkt stehen. Zum **weltbekannten Gipfelkreuz** führt von der großen Panoramaterrasse ein kleiner felsiger Steig zum Gipfel hinüber. Der ist aber kein Spaziergang. Hier sind Trittsicherheit und Schwindelfreiheit gefragt und auch die eine oder andere Minute Zeit, denn meistens muss man für das finale Gipfelerlebnis etwas anstehen – viele Besucher wollen dorthin.

DAS MODERNE RESTAURANT PANORAMA 2962 auf der Zugspitze ist ein echter Hingucker. Unmittelbar berührt von den mächtigen Bergen, genießt man mit einer traumhaften, teils sogar schwindelerregenden Aussicht sein Essen. Es ist einfach ein Erlebnis – egal ob im Innenbereich oder auf der Sonnenterrasse.

▲ Badersee bei Grainau ◄ Reges Gedränge auf dem Gipfel der Zugspitze
▶ Bergdohle

WANDERUNG RUND UM DEN EIBSEE

Nicht nur im Sommer ist die Wanderung rund um den Eibsee beliebt. Der Eibsee, mittlerweile ein Hotspot sämtlicher Instagram-Fotografen, ist dies nicht umsonst. Mit seiner Farbe – einer Mischung aus Pfefferminz- und Gletschereisbonbon – und den spektakulären Aussichten auf die steilen grauen Felswände der Zugspitze ist er ein wirklich grandioses Naturschauspiel.

An der unterschiedlichen Farbe des Wassers sind die Untiefen im See gut erkennbar. Der See ist ein Relikt des großen Bergsturzes, der den Eibsee vor etwa 3500 Jahren entstehen ließ. Eine Klimaerwärmung ließ den Permafrost verschwinden und ein Teil der Zugspitze, die damals wohl über 3000 Meter hoch war, stürzte ins Loisachtal. Das große Kar zwischen Zugspitze und Riffelwand lässt erahnen, welch gewaltige Felsmassen damals ins Tal donnerten. In den Wäldern um den See finden wir überall noch gewaltige Felsblöcke: stumme Zeugen der Naturkatastrophe.

UNSERE EIBSEE-TOUR (leicht, 2 Std., 50 Hm, 7 km) beginnt am Eibsee-Parkplatz, den wir vom Campingplatz aus am besten mit dem Bus erreichen. Alternativ benutzen wir die Zugspitzbahn und steigen etwas südlich des Stellplatzes an der Haltestelle der Alpspitz/Kreuzeckbahn ein. Am Eibsee-Parkplatz wenden wir uns gleich nach rechts und wandern hinter dem Eibseehotel vorbei. Erst kurz danach sind wir wirklich am Ufer und folgen nun einfach der gut markierten Eibsee-Rundweg-Beschilderung. Schon nach gut fünf Minuten überqueren wir den Untersee, eine langgestreckte Seitenbucht des Sees. Nun umwandern wir eine kleine Bucht nach der anderen. Über uns stehen massiv und fast abweisend die grauen Felswände der Waxensteine und der Riffelwand. Etwas weiter kommt eine größere Halbinsel, bei der wir unseren Weg am Seeufer abschneiden. Danach sind wir wieder in der Nähe des Ufers und schauen auf die kleinen Inseln des Sees.

Schließlich erreichen wir das Westufer des Sees und queren den Kotbach. Bei Bedarf können wir hier auf das stündlich verkehrende Schiff Reserl wechseln und damit zurückfahren. Wir haben nämlich gerade einmal die Hälfte der Runde geschafft. Ansonsten geht es nun über das Südufer zurück.

Wer auf dem Stellplatz am Camping Resort Zugspitze nächtigt, bekommt die Grainau-Gästekarte dazu. Ein echter Zusatzbonus während unseres Aufenthalts. Nicht nur, dass die Nutzung des RVO-Busse im Landkreis Garmisch-Partenkirchen kostenlos ist, wir dürfen auch die Zahnradbahn der Zugspitzbahn zwischen Grainau und Garmisch-Partenkirchen oder bis zum Eibsee umsonst benutzen. Aber Vorsicht, auf die Zugspitze hinauf muss man zahlen! Ebenso kostenlos ist die Verbindung während der Sommermonate nach Ehrwald in Tirol. Daneben gibt es kostenfreien Eintritt ins Zugspitzbad, geführte Wanderungen, Loipennutzung oder Kurkonzerte. Ermäßigungen gibt es auch für das Eibseeschiff Reserl und in vielen Museen im Landkreis.

AUF EINEN BLICK

STADT/REGION: Grainau
BESTE REISEZEIT: Mai bis Oktober
OPTIMALE REISEDAUER: 2 Tage
TOURISTINFORMATION: Touristinfo Grainau, Parkweg 8, 82491 Grainau, Tel. 08821/98 18 50, www.grainau.de

CAMPING RESORT ZUGSPITZE

ADRESSE: Griesenerstraße 9, 82491 Grainau, Tel. 08821/943 91 15, www.perfect-camping.de
ANFAHRT: Autobahn München-Garmisch A 9 und weiter auf der B 2, dann auf die B 23 nach Garmisch-Partenkirchen, Ortsteil Garmisch. Von dort der Beschilderung nach Grainau in Richtung Ehrwald folgen. Der Campingplatz liegt noch vor der Ortseinfahrt nach Grainau auf der linken Seite der B 323.
GPS: 47.477619, 11.051791

Mit Gratis-Aussicht auf die Felswände des Wettersteins

Der ganzjährig geöffnete Campingplatz bietet Fünf-Sterne-Luxus vor allem für Wohnmobilisten. Die top ausgestatteten Stellplätze mit Ver- und Entsorgungssäulen und auf Wunsch mit Privatbad verführen zu einem längeren Aufenthalt. Dabei ist der Preisunterschied zu einem reinen Stellplatz gar nicht so groß, wenn man dabei bedenkt, dass man all die Annehmlichkeiten des Platzes damit nutzen kann. So gibt es einen Sauna- und Wellnessbereich, ein Bistro, Ski- und Trockenräume, kostenlosen Skishuttlebus, nicht zu vergessen WLAN, aber auch Hundedusche und Kinderspielplatz. In unmittelbarer Nähe liegen Supermärkte und der Schmölzer Wirt. Und selbstverständlich ist die GrainauCard, die Gästekarte, im Preis mit inbegriffen.

GARMISCH-PARTENKIRCHEN

Doppelort im Werdenfelser Land

▲ Mit der Alpspitze im Blick geht es abwärts zur Partnachklamm.

◄ Am Wank weiden im Sommer Kühe. ► Herrliche Almwiesen beim Eckbauer.

Garmisch-Partenkirchen liegt genau an der Stelle, an der sich das Loisachtal zu einem Kessel weitet und die Zugspitze den Weg nach Süden versperrt. Der Doppelort ist das Zentrum des Werdenfelser Landes und strotzt nur so vor Naturschönheiten.

Garmisch-Partenkirchen ist als Winterolympiade-Austragungsort von 1936 in der ganzen Welt bekannt. Diese Glanzzeiten liegen jedoch schon sehr lange zurück und der Ort büßte über viele Jahre langsam und stetig seinen Ruhm ein. Doch seit einigen Jahren regt sich wieder ein gewaltiger Aufschwung in der Gemeinde. Galt Garmisch lange Zeit als sehr verstaubt und war höchstens als Alterswohnsitz beliebt, änderte sich das in Zeiten des erstarkenden Berg- und Freizeitsports. An landschaftlicher Schönheit ist der Ort auch wirklich kaum zu übertrumpfen. Ski- und Wandergebiete liegen direkt vor der Haustür, jede Menge Veranstaltungen sorgen rund um das ganze Jahr für sportliche und kulturelle Höhepunkte und auch kulinarisch hat sich einiges in den beiden Gemeinden getan.

MARKT UND DOPPELORT

Interessant ist, das Garmisch-Partenkirchen bis heute keine Stadt, sondern »nur« ein Markt ist. Somit ist es die einzige Gemeinde in Deutschland, die Verwaltungssitz eines Landkreises ist, ohne dabei eine Stadt zu sein. Garmisch-Partenkirchen besteht eigentlich aus zwei Gemeinden: Garmisch und Partenkirchen. Diese wurden 1936, kurz vor den olympischen Spielen, gegen den Willen der Bewohner zwangsvereint. Angeblich betonen noch heute Einheimische, sie kämen aus Partenkirchen und nicht aus Garmisch, oder umgekehrt. Partenkirchen mit seiner freskenverzierten Ludwigstraße und den vielen Bauernhäusern hat sich durchaus noch einen gewissen dörflichen Charakter bewahrt, während Garmisch mit seinen internationalen Hotels und Geschäften eher mondänes Flair besitzt. Die Rivalität der beiden Ortsteile ist jedoch nicht mehr so groß wie ihnen oft nachgesagt wird. Der Tourismus, die Wirtschaft und vor allem der Skisport hat sie schließlich vereint.

Trotzdem liegen beide Ortsteile relativ weit auseinander, wobei sich unser Stellplatz am Rand von Partenkirchen befindet. Für einen Besuch von Garmisch sind wir auf den Shuttlebus oder das Fahrrad angewiesen.

◀ Lüftlmalerei-geschmückte Häuser in Garmisch
▶ Alte Bauernhäuser in der Garmischer Sonnenstraße

DURCH PARTENKIRCHEN

Frisch angekommen, bietet sich ein kleiner Rundgang durch Partenkirchen an. Wir gehen zur Warkbahnstraße zurück, auf der wir gekommen sind und treffen nach links auf die Münchner Straße. Ihr folgen wir zuerst nach rechts und dann wieder nach links, bis wir beim mit Fresken bemalten **Sebastianskircherl** auf die Ludwigstraße treffen. Das ist die eigentliche Hauptstraße von Partenkirchen, sie bringt uns zuerst zum **Werdenfels-Museum**, das zu den größten und wichtigsten Lokalmuseen im Raum südlich von München zählt.

Direkt gegenüber steht die **Pfarrkirche Mariä Himmelfahrt**, die um 1870 erbaut wurde, nachdem die Vorgängerkirche 1865 einem großen Brand zum Opfer gefallen ist. Dieser Brand war auch die Ursache dafür, dass die meisten Häuser im Ort nach 1865 neu aufgebaut werden mussten. Weil aber jedes Haus sein eigenes Gesicht hat, empfinden wir die Straße als abwechslungsreich und historisch. In der Ludwigstraße **finden wir übrigens die meisten Cafés, aber auch sehr nette Souvenirläden**. Am Ende der Straße treffen wir auf die B 2, die wir etwas links versetzt in die Maxstadtstraße überqueren. Sie wird nach einer lang gestreckten Linkskurve zur Dreitorspitzstraße. An ihrem Ende wenden wir uns nach rechts, überqueren die Bahn nach Mittenwald und treffen auf das berühmte **Olympiastadion** und auf die neue Sprungschanze, die 2007 erbaut wurde. Auf dem Rückweg überqueren wir nochmals die Bahn und wandern dann mehr oder weniger dicht an ihr entlang zum Bahnhof von Garmisch-Partenkirchen. Die relativ moderne Bahnhofstraße – sie ist erst zu den Olympischen Spielen 1936 in dieser Form entstanden – bringt uns zur Ludwigstraße und damit zur Münchner Straße, an der wir auf dem bekannten Weg zum Stellplatz zurückkehren.

WIE EIN AFFE KLETTERN wir von Baum zu Baum im Kletterwald Garmisch am Fuß des Wanks. Naja, vielleicht nicht ganz so geschickt wie ein Affe, aber immerhin sind unsere Wege auch mit jeder Menge Schikanen bestückt. Wackelige, überdimensionale Holznägel, Kippbalken, Schwingseile, Holzstämme, Spinnennetze und vieles mehr können wir auf 13 Parcours bezwingen. Dazwischen gibt es jede Menge Flying Foxes und Action auf bis zu 17 Metern Höhe. Da wird einem nicht langweilig, höchstens die Puste geht uns irgendwann aus (www.kletterwald-gap.de).

DAS KAINZENBAD IN GARMISCH hat Tradition. Seit 1924 kann man hier schwimmen und den Sommer genießen. Aber Achtung: Das Wasser wird ständig durch einen Gebirgsbach erneuert und der ist ganz schön erfrischend! Es gibt einen Sprungturm und zwei Wasserrutschen, außerdem einen Beachvolleyball- und einen Tischtennisplatz – und natürlich einen Spielplatz. Das Schwimmbad liegt ganz in der Nähe der Skisprungschanze.

◄ Sommerrodelbahn in der Nähe des Olympiastadions
▶ Wanderung durch die Partnachklamm

FÜR EINE DER SCHÖNSTEN WANDERUNGEN im Werdenfelser Land müssen wir noch nicht einmal hoch auf den Berg (mittel, 3 Std., 380 Hm, 7,5 km). Die Tour über den Philosophenweg ist dabei äußerst abwechslungsreich und verbindet Kunst und Kultur mit Aussicht und Einkehrfreuden.

Wir starten direkt von der Talstation der Wankbahn, wo am südöstlichen Ende der Philosophenweg beginnt. Wir folgen ihm fast eben auf halber Höhe am Hang und erreichen bald die Wallfahrtskirche St. Anton. Die zahlreichen Votivtafeln zeigen, wie sehr heute noch der Hl. Antonius von Padua von den Partenkirchnern verehrt wird. Innen ist die Decke mit einem farbenfrohen Fresko bemalt. Ein herrlich barockes Gemälde mit vielen liebevollen Details wie der berühmten Putte, deren Hinterteil aus der Wolke schaut.

Nach unserem kulturellen Zwischenspiel steigen wir die Straße vor der Kapelle etwas aufwärts und biegen dann rechts in den Wanderweg ein, der zur Gamshütte/Tannenhütte über den Josefsbichl beschildert ist. Wieder geht es durch lichten Bergwald, in dem die hohen Kiefern viel Sonnenschein durch-

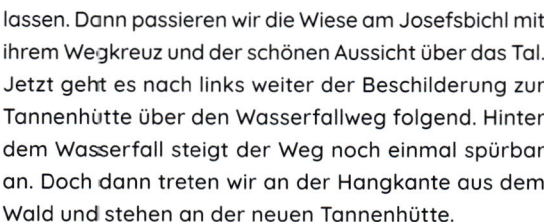

lassen. Dann passieren wir die Wiese am Josefsbichl mit ihrem Wegkreuz und der schönen Aussicht über das Tal. Jetzt geht es nach links weiter der Beschilderung zur Tannenhütte über den Wasserfallweg folgend. Hinter dem Wasserfall steigt der Weg noch einmal spürbar an. Doch dann treten wir an der Hangkante aus dem Wald und stehen an der neuen Tannenhütte.

Um den Rundweg zu vollenden, folgen wir dem Weg zur spannenden Hängebrücke und schon geht es abwärts nach Partenkirchen. Wir erreichen den Ort in der Hasentalstraße, von der aus wir über die Faukenstraße und die Ballengasse zur Hauptstraße Partenkirchens, zur Ludwigstraße, kommen. Jetzt geht es rechts und den Schildern zur Wankbahn folgend zurück zum Stellplatz.

Über den Eckbauer zur Partnachklamm

BEQUEME BERGAUFFAHRT ZUM WANK

Nachdem wir direkt am Fuß des Wanks nächtigen, wollen wir den Berg auch besuchen. Vor allem, weil wir, bequemer geht es kaum, mehr oder weniger direkt aus unseren Betten in die Gondelbahn steigen können. Dabei trumpft der Wank vor allem mit seiner tollen Aussicht auf. Es ist einer der schönsten Logenplätze im Werdenfelser Land, von dem wir ungehinderte Sicht auf die Zugspitze und das Wettersteinmassiv haben. Ein echtes Naturkino! Oben angekommen, gibt es viele Wanderwege. Von sehr leicht, z. B. einem Rundweg im Gipfelbereich, bis zum anstrengenderen Abstieg ab der Berg- oder Mittelstation. Es gibt aber auch Tage, da will man nur etwas Höhenluft schnuppern und genießt das Panorama einfach in einer der beiden Berggasthöfe, der Sonnenalm oder dem Wankhaus, und gönnt sich sowohl edie Berg- wie die Talfahrt. Für Familien mit Kindern gibt es übrigens seit neustem einen tollen Spielplatz direkt am Berg (www.zugspitze.de).

HIGHLIGHT PARTNACHKLAMM

Eine der schönsten Wanderungen in Deutschland führt von Garmisch über den Weiler Wamberg auf das Graseck und zum Eckbauern (mittel, 2.30 Std., 350 Hm, 6,5 km). Beim Abstieg geht es dann durch die wunderbare Partnachklamm (gebührenpflichtig), in der sich das Wasser wild schäumend seinen Weg durch die engen Felsen sucht.

Am Parkplatz des Olympiastadions in Garmisch halten wir uns links und wandern zunächst am Freibad Kainzenbad vorbei. Vor dem Krankenhaus geht es nach rechts auf einem steil ansteigenden Wanderweg hinauf nach Wamberg. Bis zu seiner Eingemeindung 1978 war Wamberg die höchstgelegenste eigenständige Pfarrei Deutschlands. Noch immer ist es das einzige ganzjährig bewohnte Dorf, das fast 1000 Meter über dem Meeresspiegel liegt. Die Verkehrsanbindung an das nahe Garmisch vereinfacht heute vieles, inzwischen ist der Ort längst nicht mehr so abgeschieden, wie er noch vor einigen Jahrzehnten war. Der Garmischer Tourismus hat ihn aus dem Dornröschenschlaf wachgeküsst. Trotzdem genießen wir die Eindrücke der üppigen Blumenwiese im uralten bayerischen Bauernland, gepaart mit der sensationellen Aussicht auf die nahen Berge. Aber in Wamberg haben wir nur den ersten Teil der Wanderung geschafft. Noch

An der Kaiserschmarrn-Alm am Graseck sind wir im Mehlspeisenhimmel.

weiter aufwärts erreichen wir die Wiesen am Eckbauerkreuz: mit die schönsten Aussichtspunkte im Werdenfelser Land. Kurz danach haben wir die Chance auf einen freien und sonnigen Terrassenplatz am Berggasthof Eckbauer. An seiner Terrasse beginnt auch der Abstieg. So geht es steil abwärts zu den Höfen in Graseck, wo wir erneut einkehren können. Von dort ist es nur noch ein Katzensprung und wir stehen am oberen Ende der Partnachklamm. Jetzt folgt der spannendste Abschnitt unseres Weges. Auf 800 Metern Länge hat sich der Wildbach Partnach ein bis zu 80 Meter tiefes Bett senkrecht in den Felsen gegraben. Das bereits 1912 zum Naturdenkmal erklärte wilde Schauspiel fasziniert zu jeder Jahreszeit. Viel zu schnell stehen wir am Klammausgang, wo wir noch den Obolus für den Wegeerhalt in der Klamm entrichten. Zurück zum Ausgangspunkt geht es dann fast eben entlang der Partnach oder wir gönnen uns eine Kutschfahrt, die hier angeboten wird.

NERVENKITZEL AN DER SKISPRUNGSCHANZE

Die Skisprungschanze von Garmisch-Partenkirchen kennen die meisten von uns aus der Fernsehübertragung der Vier-Schanzen-Tournee zum Neujahrspringen. Das luftig leicht geschwungene Bauwerk steht neben dem Olympiaskistadion und bildet einen herrlich modernen Kontrast zu den wuchtigen Bauten aus den 1930er-Jahren. Die Skisprungschanze lässt sich im Rahmen einer zweistündigen Führung besichtigen. Nervenkitzel vom Schanzenturm ist dabei inklusive (Mai bis Oktober jeden Mittwoch um 18 Uhr und fast das ganze Jahr über Samstag um 15 Uhr, unbedingt voranmelden unter www.gapa.de).
Actionreich ist auch die ganz in der Nähe liegende Sommerrodelbahn. Bei trockenem Wetter kann man auf einer Länge von 650 Metern über zwei Kreisel den Hang hinunterflitzen.

AUF EINEN BLICK

Info

STADT/REGION: Garmisch-Partenkirchen
BESTE REISEZEIT: Mai bis Oktober
OPTIMALE REISEDAUER: 2 bis 3 Tage
TOURISTINFORMATION:
Touristinfo Garmisch-Partenkirchen,
Richard-Strauß-Platz 2, 82467 Garmisch-Partenkirchen
Tel. 08821/18 07 00, www.gapa.de

STELLPLATZ ALPENCAMP AM WANK

ADRESSE: Wankbahnstraße 2, 82467 Garmisch-Partenkirchen, www.alpencamp-gap.de
ANFAHRT: Autobahn München-Garmisch A 9 und weiter auf der B2 nach Garmisch-Partenkirchen, Ortsteil Partenkirchen. Auf der Höhe des Friedhofs links der Beschilderung Wankbahn und den Camping-symbolen folgen.
GPS: 47.503982, 11.106636

Der Stellplatz ist ein Teil des Park-platzes der Wankbahn und liegt in ruhiger Lage oberhalb von Partenkirchen und ist ganzjährig geöffnet. Er bietet alle Möglich-keiten zur Ver- und Entsorgung, die ein Wohnmobilreisender be-nötigt. Es gibt ein rund um die Uhr geöffnetes Sanitärgebäude mit Duschen nebst Waschmaschinen und Trockner. Täglich werden frische Backwaren geliefert und

Stellplatz mit Aussicht auf die Zugspitze

es ist auch WLAN vorhanden. Ein kostenloser Shuttlebus bringt uns sowohl in die beiden Ortszentren Garmisch und Partenkirchen, er steuert aber auch Skilifte oder das Wellenbad an. Einziges Manko: Bezahlung nur direkt beim Platzwart und nur während der Öffnungs-zeiten möglich (8–9 und 17–18 Uhr).

MITTENWALD

Im Wandereldorado der Voralpen

▲ Ein Fernrohr als Infozentrum an der Karwendelbahn
◄ Eiskaltes Wasser an der Isarquelle ▶ Mächtige Buchen am Kranzberg

Mitten im Wald liegt Mittenwald heute zwar nicht mehr, aber es gibt kaum einen anderen Ort im Werdenfelser Land, der landschaftlich so reizvoll eingebettet ist. Rundherum gruppieren sich die imposanten Felswände des Karwendels und des Wettersteins sowie das Estergebirge. Man kommt aus dem Staunen kaum heraus.

In der Antike führte die römische Straße Via Raetia durch das Tal. Um 1080 wurde der Ort dann das erste Mal als Media silva in den Urkunden erwähnt. Es handelte sich wohl um ein Rodungsgebiet, also eine Lichtung im dichten Wald. Der Wohnmobil-Stellplatz Karwendel mitten im Ort am Bahnhof ist bestens geeignet, um alle Aktivitäten direkt von dort zu starten. Hingegen müssen wir vom Alpen-Caravanpark Tennsee zunächst immer nach Mittenwald gelangen. Dafür benutzen wir den mit der Gästekarte kostenlosen RVO-Bus oder den von Mai bis Oktober viermal täglich verkehrenden Wanderbus, der alle wichtigen Startplätze zu tollen Wanderungen anfährt.

MALERISCHES MITTENWALD

Das Zentrum der Altstadt, wobei es sich in Mittenwald nicht um eine Stadt, sondern um einen Markt handelt, ist der für den Autoverkehr gesperrte Obermarkt. Hier schlägt das Herz des Ortes. Die Häuser sind allesamt reich bemalt und überdies zum Teil sehr alt. Kein Neubau stört den Gesamteindruck. In den vielen Straßencafés und Gaststätten stehen Tische zur Einkehr bereit, überall gibt es nette Läden zum Bummeln. Mitten durch den Markt plätschert ein offener Bachlauf, Idylle pur. Rund um die Pfarrkirche St. Peter und Paul und im Ortsteil Gries gruppieren sich die ältesten Häuser des Ortes. Viele davon sind mit Lüftlmalereien geschmückt. In die barocke Pfarrkirche sollten wir unbedingt einen Blick werfen. Nicht nur ihr Inneres, auch der Turm trägt Fresken von Matthäus Günther. Der reiche Stuck von Anton Schmutzer vollendet die Ausstattung der Kirche, die deshalb zu den schönsten Barockkirchen Südbayerns zählt.

MITTENWALD UND SEINE GEIGEN

Hinter der Pfarrkirche liegt das Geigenbaumuseum, denn Mittenwald ist ein bekanntes Geigenbauzentrum. Matthias Klotz, dem auch das Denkmal

vor der Kirche gewidmet ist, war Mittenwalds erster großer Geigenbaumeister. Klotz wurde 1653 geboren und erlernte in jungen Jahren zunächst in Füssen den Beruf des Instrumentenmachers, ehe er 1672 in die italienische Geigenstadt Padua zu weiteren Lehrjahren auswanderte. Erst 1680 zog es ihn wieder in die alte Heimat. Er beschloss zu bleiben, denn er erkannte die günstigen Voraussetzungen für sein Gewerbe. In den Bergwäldern um Mittenwald wuchs das passende Holz – Ahorn und Fichte – und durch die guten, noch aus Römerzeiten angelegten Handelsverbindungswege zwischen Nord und Süd war auch der Absatz der Instrumente gesichert. Außerdem war Klotz der erste und einzige Instrumentenmacher am Ort und damit ohne jede Konkurrenz. Es dauerte nicht lange und er lehrte nicht nur seinen drei Söhnen das Handwerk, sondern nahm auch andere Mittenwalder als Lehrlinge auf. Somit wurde im Lauf der Jahre die Geigenbauschule Klotz gegründet, die im 18. Jahrhundert ihre Hochzeit hatte. Noch heute sind elf Instrumentenbauer in Mittenwald ansässig. Das Museum steht natürlich komplett unter dem Motto der Streichinstrumente (www.geigenbaumuseum-mittenwald.de, Montag Ruhetag).

DER GASTHOF GRIES (www.gasthof-gries-mittenwald.de) liegt zwar nicht in der Fußgängerzone, aber ebenfalls sehr idyllisch im Ortsteil Gries. Aus seiner bayerischen Küche kommen ausgefallene Gerichte, die, für denjenigen, der sie mag, ein echtes Schmankerl sind: Ochsenbackerl, saures Lüngerl oder die hausgemachte Rindersülze, alle hervorragend zubereitet. Wem das zu deftig ist, der findet aber auch einige klassischere oder vegetarische Gerichte.

ÜBER DEN KRANZBERG ZU DEN BERGSEEN

Wir verlassen den Mittenwalder Bahnhof, wandern in die Ortsmitte und passieren dann das Klotzdenkmal und die bemalte St.-Peter-und-Paul-Kirche in die Matthias-Klotz-Straße. So kommen wir leicht nach links in den Ortsteil Gries. Weiter auf den Kranzberg zu sind wir dann auf der Kranzbergstraße unterwegs. Diese teilt sich; wir halten uns links in den Schillerweg und können uns nun gleich einmal ein bisschen warmlaufen: Über viele Stufen führt der Weg an einer Kreuzigungsgruppe vorbei auf-

▲ In den Scheunen wird Heu für den Winter gelagert.
◄ Türkisblaues Wasser an der noch jungen Isar ► Ferchensee

wärts und schließlich nach rechts über den Parkplatz der Kranzbergbahn. Wer an seiner Kondition ein bisschen zweifelt, sollte sich nicht scheuen und ruhig das bequeme Angebot zur Bergauffahrt in Anspruch annehmen. Es erspart 300 Höhenmeter Aufstieg und etwa eine Stunde Gehzeit. Die Aktiven von uns folgen dem Wanderweg unterhalb der Lifttrasse, er ist perfekt zum Kranzberg beschildert.

An der Bergstation des Kranzbergliftes wenden wir uns nach links und stehen nach wenigen Schritten vor dem Berggasthof St. Anton. Hier beginnt der große Panorama-Barfußpfad, den wir gerne beschreiten können. Er macht riesig viel Spaß und bedeutet nur einen kleinen Umweg. Aber die Schuhe mitnehmen, denn wir kommen nicht zurück!

Wer keine Lust auf eine durchblutungsfördernde Fußmassage hat, folgt einfach weiter der Beschilderung zum Hohen Kranzberg. Ab und an müssen wir uns umdrehen, um die herrliche Aussicht zu bewundern. Dann erreichen wir das Kranzberghaus (privat) und steigen dahinter in wenigen Minuten zum Gipfel hinauf. Auf dem 1391 Meter hohen Hügel steht eine nette kleine Holzhütte. Gerade wenn der Wind pfeift, finden wir immer ein windgeschütztes Plätzchen, um die Aussicht zu genießen.

Wild und dramatisch ist die Geisterklamm.

Vom Gipfel geht es wieder zum Kranzberghaus hinunter. Hier finden wir einen Wegweiser, der uns rechts am Haus vorbei Richtung Ferchensee schickt. Durch lichten Mischwald steigen wir talwärts, der Weg führt zum Teil über Holzbohlen, teils über offenliegendes Wurzelwerk. Wenn es zuvor geregnet hat, ist hier Vorsicht geboten. Schließlich erreichen wir in einem großen Bogen den schönen Ferchensee. Im Sommer können wir hier baden oder im Gasthaus Ferchensee einkehren. Wir nehmen den Wanderweg, der an seinem Südufer entlangführt und erreichen auf ihm den nächsten See, den Lautersee. Der ist mit den sich im Wasser spiegelnden Felswänden des Karwendels nicht minder schön.

Wir wenden uns nach links, am Freibad vorbei und treffen auf eine Kapelle. Ein Stück weiter über die Almwiese verzweigt sich der Weg am Waldrand. Wir wählen den linken Weg und wandern oberhalb des Laintals über einen Aussichtspunkt und das Kaffeefeld, eine weite Wiese, zur Talstation der Kranzbergbahn zurück (mittel, 3.30 Std., 600 Hm, 11,5 km).

Als alternative Abstiegsmöglichkeit bietet sich vom Kranzberg die rasante Abfahrt auf Mountaincarts an (www.mountain-carts-mittenwald.de). Dafür steigt man nach dem Gipfel-besuch nicht über die Bergseen ab, sondern wandert zurück zur Bergstation des Kranzberg-Liftes. Hier können wir uns die sportlichen Dreiräder ausleihen, um adrenalinbeladen auf einer eigens angelegten Spur bis ins Tal zu rauschen (ab 10 Jahren, Mindestgröße 1,35 m, Helmpflicht (ausleihbar)).

DURCH DIE GEISTERKLAMM

Wer hat Angst vor dem Klammgeist und seinen Kobolden? An den Gumpen, in den Wasserfällen und den Strudeln kann man sie gelegentlich in der Leutascher Geisterklamm hören und sehen. Drei spannende Wege führen durch die Klamm. Vom Stellplatz queren wir die Gleise am südlichen Ende des Bahnhofsgeländes und folgen dann links dem Mühlenweg, bis wir die große Isarbrücke an der Innsbrucker Straße erreichen. Wir queren die Isar nicht, sondern setzen etwas nach rechts unseren Weg entlang des Mühlbachs fort. Er bringt uns zur Leutascher Ache und zum Einstieg in die **Leutascher Geisterklamm** (leutaschklamm.com). Wer möchte, kann sich schon einen Vorgeschmack auf die eigentliche Wanderung vom Wasserfallsteig holen (Eintritt). Das ist zwar nur ein Abstecher, der hinter dem Kiosk beginnt, aber den sollten wir uns wegen der Nähe zu seinem tosenden **Wasserfall** gönnen.

Danach beginnen wir mit dem kurzen Anstieg zum eigentlichen Klammweg. Rasch stehen wir so an der hohen Panoramabrücke und blicken von dort tief in den Schlund der Leutaschklamm. Nun führen die Klammstege immer weiter in die Klamm hinein. Machen wir uns auf die Suche nach Feuerschweif, Feenharfe, Regenbogenschlange und den Klammgeist. Ein wenig schwindelfrei muss man dabei sein, denn unter unseren Füssen rauscht wild und gewaltig das Wasser. Die beeindruckende Runde führt entlang vieler interessanter Tafeln, die von der Geologie und der Entstehung der Klamm erzählen. Schließlich erreichen wir die **Höllbrücke** und wechseln das Ufer. Am Ende des Klammweges wenden wir uns dann nach links und vollenden die Wanderung, wenn wir über den Berggasthof Gletscherschliff absteigen oder erneut über die Panoramabrücke schreiten (leicht, 1.45 Std., 200 Hm, 4 km).

WILDES KARWENDEL – LEICHT GEMACHT!

Das Naturschutzgebiet und Bergmassiv **Karwendel** ist, neben der Bergregion rund um die Zugspitze, eine der imposantesten Hochgebirgslandschaften Bayerns. Genauer genommen liegt das Karwendel aber zwischen Bayern und Österreich, was seiner wilden Schönheit keinen Abbruch tut. Die markanten Gipfel, steilen Felswände und Kletterscharten sind jedoch in den meisten Fällen nur wirklich guten Alpinisten vorbehalten. Man braucht

◀ Herbst am Isarursprung ▶ An der Leutasch

schon viel Ausdauer, Kondition und alpine Erfahrung, um die Karwendel-gipfel zu bezwingen. Aber es gibt auch eine leichte Variante.

Zu diesem Vergnügen starten wir direkt von Mittenwald aus. Etwas öst-lich unseres Stellplatzes, auf der anderen Seite der Isar, bringt uns die Karwendelbahn schnell und ohne jeden Schweißtropfenverlust hinauf in die Bergwelt Karwendel. Der Passami-Rundweg um die Karwendelgrube ist leicht zu schaffen. Trittsichere und Schwindelfreie nehmen die west-liche Karwendelspitze mit. Besonders schön ist das überdimensionierte Fernglas, das man bereits aus dem Tal sieht. Innen beherbergt es ein sehr interessantes Informationszentrum rund um den Naturpark Karwendel. Aber das Beste dort oben auf 2200 Metern Höhe ist sicherlich die Aussicht! Unsagbar schön, weit und je nach dem Stand der Sonne, dem Wetter und der Jahreszeit immer anders.

MIT DEM DRAHTESEL ZUM ISARURSPRUNG

Eine der schönsten Fahrradtouren führt von Mittenwald zum Isarursprung nach Scharnitz in Österreich. Dafür geht es vom Bahnhof wie bei der Wanderung zur Geisterklamm beschrieben bis zur Isarbrücke. Diesmal queren wir die Isar, und biegen dann gleich rechts in die Riedkopfstraße ein. An ihrem Ende überqueren wir die Isar erneut, diesmal nach rechts und radeln dann an den Tennisplätzen vorbei in den Riedboden. Fast eben strampeln wir durch die herrlich gewellten, für diese Region so typischen Buckelwiesen. Links von uns erhebt sich die Westliche Karwendelspitze,

während wir am Fuß des Riedbergs nach Süden radeln. Bald passieren wir die Grenze nach Österreich und erreichen nach einem Wanderparkplatz wieder die Isar.

Bevor es auf der Brücke über den Fluss geht, lohnt sich rechts ein Abstecher zu Fuß hinauf zu den Ruinen der Porta Claudia. Die historische Wehranlage Porta Claudia gehört zu den großen Wehrbefestigungsanlagen Österreichs, die im Dreißigjährigen Krieg entstanden sind. Sie sollte vor allem Richtung Norden die Grenze sichern. Ihren Namen hat sie der Landesfürstin Claudia von Medici zu verdanken, die angesichts der Einweihung 1634 persönlich anwesend war. 1786 schrieb sogar Goethe auf seiner Italienreise über sie. So groß, wie sie einst war, ist sie heute natürlich nicht mehr. Unter Napoleon wurde die Anlage mit großem Aufwand und viel Sprengkraft geschliffen.

Danach queren wir die Isar und folgen rechts dem Schanzweg unter der neuen Umgehungsstraße hindurch. So treffen wir auf die Hauptstraße, der wir ein Stück nach rechts folgen. Vor der Kirche Maria Hilf biegen wir dann links in die Hinterautalstraße ein (Schild »Isartäler«) und sind nach einigen Häusern wieder entlang der Isar unterwegs. Nach dem Seitenarm des Karwendelbaches steigt die Straße an. Aber keine Angst, schon beim Gasthof Wiesenhof haben wir das meiste geschafft. Ab hier ist der stetige weitere Anstieg als moderat zu bezeichnen.

Bald schon stehen wir an einem herrlichen Aussichtspunkt mit einem Gedenkkreuz, der Gleirschhöhe. Jetzt sind wir weit oberhalb der Isar und blicken in die Isarschlucht hinunter. Wir rollen mit herrlicher Sicht hinab zur Isar und erreichen im Weiteren den Alpengarten, wo wir die Räder abstellen können. Zu Fuß sind es nur wenige Minuten zu den Quellen, die sich auf mehrere Wasseraustrittsstellen verteilen. Das Wasser strömt glasklar aus den Bergen und sammelt sich zu Bächen, die dann vereint zum vorderen Quellfluss in den großen Lafatscherbach fließen. Erst ab hier heißt der Fluss Isar. Wer möchte, kann den Weg noch zur Kastenalm fortsetzten. Der Senner verkauft in den Sommermonaten Getränke und kleine Brotzeiten.

Zurück rollen wir fast ohne Anstrengung bis Scharnitz. Für den Rückweg können wir nun den Radweg nach Mittenwald entlang der Eisenbahn wählen oder erneut durch den Riedboden radeln (mittel, 2.30 Std., 200 Hm, 38 km).

AUF EINEN BLICK

STADT/REGION: Mittenwald
BESTE REISEZEIT: Mai bis Oktober
OPTIMALE REISEDAUER: 2 bis 3 Tage
TOURISTINFORMATION: Touristinfo Mittenwald, Damkar-
straße, 82481 Mittenwald, Tel. 08823/339 81 www.alpen-
welt-karwendel.de

WOHNMOBIL-STELLPLATZ KARWENDEL

ADRESSE: Albert-Schott-Straße 35, 82481 Mittenwald, Tel. 08823/52
16, www.karwendelstellplatz.de
ANFAHRT: Auf der A 95 nach Garmisch und dort weiter nach
Mittenwald. In die Ortsmitte einbiegen, der Stellplatz/Parkplatz
P1 befindet sich direkt neben dem Bahnhof an den Gleisen.
GPS: 47.437583, 11.264037

Nur 5 Minuten zu Fuß von der Mittenwalder Marktstraße entfernt, liegt
der Stellplatz unweit des Bahnhofes und ist ganzjährig zugänglich.
Zum Glück fahren nur wenige Züge. Die Fahrzeuge stehen zum Teil
auf Schotter bzw. Asphalt. Es gibt Strom und ein öffentliches WC. Die
Aussicht auf das Karwendelgebirge ist einmalig.

ALPEN-CARAVANPARK TENNSEE

ADRESSE: Am Tennsee 1, 82494 Krün, Tel. 08825/170, www.cam-
ping-tennsee.de
ANFAHRT: Auf der A 95 nach Garmisch und dort weiter auf der B 2
Richtung Mittenwald. Der Campingplatz liegt noch vor Mittenwald
rechts der Straße.
GPS: 47.490396, 11.255034

Der ganzjährig geöffnete Wohnmobil-Stellplatz ist mit jedem erdenklichen Komfort ausgestattet. So gehört zu jeder Parzelle eine
eigene Grünfläche, Dusch- und Sanitäreinrichtungen sind genauso
vorhanden wie Strom- und sogar Gasanschlüsse. Der Caravanpark
ist nämlich an einen Campingplatz angeschlossen. Er befindet sich in

traumhafter Lage am Tennsee, umgeben von den typischen Buckelwiesen der Karwendel-Bergwelt. Für ein erholsames verlängertes
Wochenende – und auch mit Kindern – ist er geradezu ideal, da stört
es nicht, dass Mittenwald etwas weiter weg liegt. Deshalb am besten
die Fahrräder mitnehmen, wobei es am Campingplatz auch einen
Verleih gibt. Seinen Traumstellplatz kann man sich übrigens vorab
reservieren, was angesichts der Beliebtheit sicherlich nicht schadet.
Kleine Einkaufsmöglichkeit am Platz, sogar für Sonntagsbrötchen.

Der Tennsee-Campingplatz lässt keine Wünsche offen.

HERRSCHING

Mitten im Fünfseenland

Möwen in Dießen am Ammersee

Der Ammersee ist nach dem Chiemsee und dem Starnberger See der drittgrößte bayerische See. Auch er entstand am Ende der letzten Eiszeit, als sich geschmolzenes Gletscherwasser in einem vertieften übergroßen Becken sammelte. Von Herrsching aus lassen sich die schönsten und beschaulichsten Winkel am Ammersee kennenlernen.

Ein Aufenthalt in Herrsching ist der ideale Startpunkt, um viele weitere kleinere Ziele im sogenannten Fünfseenland zu erkunden. Zur Kulturlandschaft Fünfseenland gehören neben dem Ammersee auch der Starnberger See sowie der Weßlinger, der Wörth- und der Pilsensee.

SPAZIERGANG DURCH HERRSCHING

Kommt man am späten Nachmittag in Herrsching an, so bietet sich ein kleiner Spaziergang durch den Ort an. Direkt zwischen See und Stellplatz führt der Promenadenweg am Seeufer entlang. Gleich nach dem Herrschinger Segelclub lockt uns der Strandkiosk Chiringuito TreibGut zu einem Drink und lässt uns dabei weit über den See schauen. Dann geht es an einem Bootsverleih weiter zum Steg der Bayerischen Seenschifffahrt. Noch ein paar Schritte und wir sind im Kurpark. Eine kleine Seejungfrau bewacht das Kurparkschlössl, das sich einst der Maler Ludwig Scheuermann im Stil eines italienischen Adelspalastes bauen ließ. Es ist heute im Eigentum der Gemeinde und wird für Veranstaltungen und Ausstellungen genutzt. Gleich darauf passieren wir das Strandbad von Herrsching, dann können wir rechts durch die Wohnbebauung zum Bahnhof gehen. In Herrsching endet nämlich die S 8, die uns in einer guten Stunde ins Zentrum von München bringen würde. Ein Ausflugsziel, dass wir uns für einen Schlechtwettertag merken könnten. Wir aber wollen den Tag mit einem guten Abendessen beenden und dabei die Farben des Sonnenuntergangs genießen. Dazu gehen wir vom Bahnhof auf der Straße Zum Landungssteg zurück ans Seeufer. Dort lockt das Restaurant Seehof zum Sundowner mit Blick über den See (www.seehof-ammersee.de). Schöner können wir den Tag mit einem guten Essen und einem Glas feinen Wein kaum verabschieden. Auf der Seepromenade kehren wir dann zu unserem eigenen rollenden Heim zurück.

MIT DEM FAHRRAD UM DEN AMMERSEE

Wir können unsere Rundtour um den See, für die wir einen Tag veranschlagen sollten, direkt vom Stellplatz aus beginnen. Am See wenden wir uns links, das Ufer gibt den Weg vor. Kurz nach dem Café Wartaweil finden wir links eine (erneuerte) Steinsäule, die, wie man sich erzählt, dem Gebiet den Namen »Wartaweil« gegeben hat. Sie steht direkt auf der Linie zwischen den beiden Klöstern Andechs und Dießen und war die Peilmarke für den Fährmann, der die Pilger von einem Kloster zum andern brachte. War das Boot voll und drängten sich immer noch Wallfahrer am Ufer, so rief der Fährmann »Wart a Weil«, und man musste sich wohl oder übel gedulden. Weil dies wohl häufig vorkam, erhielt der ganze Ort diesen Namen.

Bald darauf passieren wir die Naturkunstwerke der nahen Villa Habersack, einem Bildungszentrum des Bund Naturschutz. Besonders schön ist der aus Schwemmholz gestaltete Pegasus. Dann haben wir schon das Südufer erreicht und verlassen bei Aidenried unseren schönen Uferweg. Für ein kurzes Stück teilen wir uns die Straße mit dem Autoverkehr und folgen dann wieder dem Radweg nach Fischen. In Fischen können wir uns ein bisschen Zeit für das Kupfermuseum (www.kupfermuseumfischen.de) nehmen. Ansonsten folgen wir einfach der Beschilderung nach Dießen. Parallel zur Autostraße durchqueren wir auf dem Weg dorthin das große Naturschutzgebiet Ammermoos. Hier im Flussdelta der einmündenden Alten und Neuen Ammer wächst ein großer Schilfgürtel, der vor allem Vögeln einen geschützten Lebensraum und ein Rückzugsgebiet bietet. Unsere Strecke führt unmittelbar nach der Ammerbrücke in einem weiten Bogen zunächst nach Süden durch das sonnige Moor, bevor wir kurz vor Raisting bei Rothbad nach Norden parallel zu den Bahngleisen radeln. Kurz vor Dießen beginnt dann wieder ein echter Radweg, auf dem wir zur Uferpromenade und dem Bootsanlegesteg kommen.

Dießen lohnt einen längeren kulturellen Stopp. Außer der berühmten Stiftskirche macht es Spaß, durch den malerischen Ort zu schlendern und sich die zahlreichen Kunsthandwerksbetriebe wie Zinngießereien und Töpfereien anzusehen. Besonders für die Keramikwaren pilgern jedes Jahr an Christi Himmelfahrt einige Tausend Besucher zu dem bekannten Töpfermarkt. In Dießen haben wir noch nicht einmal die Hälfte

◀ Das Kurparkschlössl in Herrsching ▶ Die kleine Wallfahrtskirche St. Alban

der Seeumrundung zurückgelegt, so dass jeder, der schon müde ist, von hier auch gut mit dem Schiff zurückkehren kann.

Für die Weiterfahrt bleiben wir in Ufernähe und kommen zur kleinen Wallfahrtskirche St. Alban, in die wir unbedingt einen Blick werfen müssen. Die reizvolle Rokoko-Ausstattung, die Wessobrunner Stuckateure im 18. Jahrhundert geschaffen haben, ist wirklich sehenswert. Auch wenn man es nicht glauben kann, die Altäre, die meisten Figuren und die elegante Kanzel sind aus Stuck, also aus Gips. Uns immer an den Gleisen orientierend, erreichen wir bald Riederau mit seinem großen Strandbad. Weiter geht es nach Norden nun ein schönes Stück durch den Wald. Kurz vor Utting bremsen uns das Künstlerhaus Gasteiger und sein Park zu einer Besichtigung aus. Der Park steht allen Besuchern offen. Das ehemalige Wohnhaus des Künstlerehepaares ist im Jugendstil ausgestattet und kann sonntags gegen eine Eintrittsgebühr besichtigt werden (April bis Oktober am Sonntag zwischen 14 und 17 Uhr). Wir radeln weiter, am Uttinger Strandbad vorbei, bis wir unmittelbar nach dem großen Campingplatz zum Biergarten Alte Villa kommen.

WEITHIN BERÜHMT IST DER Biergarten Alte Villa in Utting (www.alte-villa-utting.de). Dort kann man sich seine Brotzeit selbst mitbringen, per Selbstbedienung erhält man auch die typisch bayerischen Biergartengerichte. Am Sonntagvormittag gibt es bei schönem Wetter jazzige Blasmusik im Biergarten.

Ehemaliges Augustinerchorherrenstift St. Maria in Dießen am Ammersee

Weiter geht es über Schondorf, entlang des Freizeit- und Erholungsgeländes über die Brücke des Amperabflusses nach Stegen. Stegen scheint nur aus einigen Cafés, Beachbars und Gasthäusern zu bestehen. Hier gibt es ein beliebtes Erholungsgelände, das vor allem von Münchnern, die es gut über die Autobahn erreichen, genutzt wird. So müssen wir uns an den vielen Erholungs- und Parkplatzsuchenden vorbeischlängeln. Am Ende wird der Weg zwar zum reinen Fußgängerweg, aber mit viel Rücksicht können auch wir dieses Stück passieren.

Dann geht es aufwärts nach Buch, von wo aus wir nun über die Höhenstraße, die Schornstraße und die Waldstraße gen Süden radeln. In Buch biegen wir rechts Richtung Ortsmitte und dann links in die Breitbrunnerstraße ab. Nun folgen wir immer den Radwegschildern bis Breitbrunn. Dort überqueren wir die große Autostraße und folgen über den Friedhofweg, die Jaudesbergstraße und die Wörthseestraße der Beschilderung Utting über Ellwang und Rausch. Wir radeln jetzt zwar nicht mehr in Seenähe, jedoch – mit herrlichem Blick auf die Alpengebirgskette – auf einem der schönsten und aussichtsreichsten Streckenabschnitte unserer Tour. In den Weilern stehen prächtige, blumengeschmückte Bauernhöfe und bald schon grüßt das Kloster Andechs über den Hügeln. Nun ist es nicht mehr weit und gleich nach Rausch rollen wir bergab, an der großen Fachhochschule für Beamte vorbei zur Uferpromenade von Herrsching mit dem Schiffsanlegesteg. Jetzt ist es, immer am Ufer entlang, nicht mehr weit zum Stellplatz (mittel, 4 Std., 150 Hm, 48 km).

RUND UM DEN AMMERSEE gibt es zahlreiche ausgewiesene Badeplätze, Strandbäder und den einen oder anderen Steg, von den aus man ins Wasser hüpfen kann. Tret- und Ruderboote können wir uns beim Bootsverleih Stummbaum an der Seepromenade in Herrsching ausleihen. Windsurf-Equipment oder Stand-up-Boards erhält man bei WikiWakiWu in der Nähe des Strandbades Herrsching.

AUF DEN HEILIGEN BERG NACH ANDECHS

Eine Wanderung gibt es, die für jeden Besucher von Herrsching fast Pflicht ist. Das ist der Pilgerweg nach Andechs. Dieser sehr alte Pilgerweg wurde bereits angelegt, als das Wallfahren zu Fuß noch allgegenwärtig war und keine Modeerscheinung. Aber schon damals verband man gerne das strenge kirchliche Gebet mit dem Angenehmen. So war das erste Ziel natürlich die Klosterkirche von Andechs (www.andechs.de) und das zweite war das danebenliegende berühmte Bräustüberl auf dem heiligen Klosterberg. Heute hat sich die Gewichtung umgekehrt, deswegen ist der Pilgerweg aber immer noch schön. Besonders angenehm ist, dass er größtenteils im Schatten verläuft.

Wir beginnen unsere Wanderung am Stellplatz und gehen auf der Mühlfeldstraße in den Ort zurück. Kurz vor der Bahnhofstraße, auf der wir vielleicht gekommen sind, biegt rechts die Andechsstraße ab. Aus ihr wird die Kientalstraße und die begleitet uns bis zum Kloster Andechs. Machen wir es doch so, wie die alten Pilger und werfen wir als erstes einen Blick in Klosterkirche. Das Kloster geht auf eine Burg der Herzöge von Andechs-Meranien zurück, wobei nach dem Aussterben der Andechs-Meranier die Burg verfiel. Als dann jedoch ein bedeutender Reliquienschatz in der ehemaligen Burgkapelle gefunden wurde, setzt eine Wallfahrt ein, die bis heute noch nicht erloschen ist. Betreut wird Andechs von der Benediktinerabtei St. Bonifaz in München. Aber auch Benediktiner können nicht allein vom Gebet leben. Eine alte klösterliche Tradition ist es, eine Brauerei als Einkommensquelle zu unterhalten. Daraus entstand das inzwischen weltberühmte Bräustüberl, wobei die Verkleinerungsform Stüberl wohl irreführt. Etwa 1500 Gäste können die Andechser gleichzeitig bewirten und jeder darf, wenn er will, seine eigene Brotzeit mitbringen. Aber das lohnt sich kaum, die reiche Brotzeitkarte genügt allen Ansprüchen. Auch bei Nicht-Biergartenwetter herrscht in den Räumen des Bräustüberls reger Betrieb. Wer dem auskommen will, geht etwas unterhalb des Klosters in den Klostergasthof. Hier wird man bedient und speist in gehobenem Ambiente. Zurück wandert man am besten auf dem schon bekannten Weg (leicht, 3 Std., 100 Hm, 11 km).

EINE BOOTSFAHRT, DIE IST LUSTIG …

Die **Bayerische Seenschifffahrt** erschließt von Herrsching alle größeren Orte am Ammersee. Das funktioniert am besten mit einem großen Rundfahrt-Ticket. Vom Schiff aus sehen wir den See und seine Ufer auf eine ganz neuen Weise, so wie man sie weder als Wanderer noch als Radler zu Gesicht bekommt.

An der Uferpromenade in Herrsching

Der historische Schaufelraddampfer »Herrsching«

Fans historischer Schiffe bevorzugen bestimmt die Raddampfer »Herrsching« oder »Dießen«. Die 1908 erbaute »Dießen« ist der älteste bayerische Raddampfer. Er wurde 2006 generalsaniert. Speziell der Salon wurde nach alten Plänen rekonstruiert. Eine echte Besonderheit ist dagegen die »Herrsching«. Erbaut wurde sie erst 2002. Aber sie ist ein Hightech-Schiff im Kleid der Jahrhundertwende, wobei auch ihr Antrieb ein Schaufelrad ist. Übrigens: Wem der Radrundweg um den See zu lang ist, kann mit den Schiffen auch bequem abkürzen. Aber vorher unbedingt den Fahrplan einsehen, vor allem in der Nebensaison entfallen einige Schiffsverbindungen (www.seenschifffahrt.de).

Mit dem Schiff erreichen wir auch Utting. Von Ende Juli bis September gibt es dort das tolle Maislabyrinth Ex Ornamentis. Dort lohnt es sich einen Zwischenstopp einzulegen, um sich mit viel Spaß den richtigen Weg durch die grünen Stängel zu suchen. Jedes Jahr wechseln die Motive des Labyrinths, die am besten aus der Luft erkennbar sind.

An Christi Himmelfahrt ist in Dießen Töpfermarkt. Alle Parkplätze dort sind dann hoffnungslos überfüllt. Wer von Herrsching mit dem Ausflugsschiff zum Töpfermarkt fährt, ist die Sorgen um den Parkplatz los.

AUF EINEN BLICK

STADT/REGION: Herrsching
BESTE REISEZEIT: Mitte April bis Mitte Oktober,
je nach Witterung
OPTIMALE REISEDAUER: 2 Tage
TOURISTINFORMATION: Touristinfo Herrsching,
Bahnhofplatz 3, 82211 Herrsching, Tel. 08151/90 60 40,
www.starnbergammersee.de

Die Fischerei Rauch in Dießen verkauft fangfrischen Fisch.

STELLPLATZ HERRSCHING

ADRESSE: Mühlfeld 24, 82211 Herrsching, Tel. 0152/53 47 93 31,
www.wohnmobilstellplatz-herrsching.de
ANFAHRT: Autobahn A 96 Ausfahrt Inning, auf der Brucker Straße
nach Inning und weiter nach Breitbrunn und Herrsching. Auf der
Rieder Straße zur Bahnhofstraße. hier kurz nach links und dann
rechts in die Mühlfelder Straße. Am Ortsrand direkt am Schloss
Mühlfeld vorbei zum Stellplatz.
GPS: 47.986568, 11.165226

Der kleine Platz mit seinen max. 30 Stellplätzen hat je nach Witterung von Mitte April bis Mitte Oktober geöffnet. Er liegt direkt am Seeufer, wo wir unsere Wohnmobile auf Gras abstellen können. Reservierungen sind möglich. Ebenso kann man mit größeren Wägen problemlos gegen einen kleinen Aufpreis dort stehen. Das Zentrum von Herrsching ist bequem zu Fuß zu erreichen. Versorgung mit Frischwasser und Entsorgung von Grauwasser und Fäkalien sind im Übernachtungspreis inbegriffen. Strom und Toiletten sind vorhanden.

WOHNMOBILSTELLPLATZ KLOSTER ANDECHS

ADRESSE: Seefelder Straße, 82346 Andechs,
www.wohnmobilstellplatz-andechs.de
GPS: 47.975300, 11.185514

Wer das süffige Andechser Dunkle sehr gründlich probieren möchte, kann sein Wohnmobil auch in Andechs direkt am Fuß des Heiligen Berges über Nacht parken. Im hinteren Bereich des großen PKW-Parkplatzes ist ein abgetrennter Teil für 40 Wohnmobile reserviert. Sehr nett: Bei jeder Übernachtung ist ein Getränkegutschein im Wert eines Bieres im Preis enthalten.

Stellplatz Herrsching

WOLFRATSHAUSEN

Zwischen Loisach und Isar

Weitgehend unreguliert: die Loisach zwischen Beuerberg und Wolfratshausen.

Wolfratshausen liegt vor den Toren Münchens, zwischen Isar und Loisach. Der Ort war eine wichtige Flößerstadt, also von einem Handwerk, dass heute nur noch zum Spaß für Touristen betrieben wird. Die lebendige Kleinstadt eignet sich hervorragend zum Erkunden der Gegend: Isarauen, Beuerberg oder Geretsried.

Gleich nach der Ankunft am Campingplatz bietet sich ein Spaziergang durch die Altstadt von Wolfratshausen an. Der direkte Weg vom Stellplatz aus dauert gerade einmal fünf Minuten. Aber wir schlagen einen kleinen Umweg vor, der nicht nur einen guten Überblick über die Stadt schenkt, sondern zusätzlich einen weiten Blick über das Alpenvorland hinein zu den Bergen zwischen Isar und Inn gewährt. Wir nehmen den Weg, der direkt an dem kleinen See beim Campingplatz vorbeiführt und schlüpfen durch einen Tunnel auf die andere Seite der Äußeren Beuerberger Straße. Gleich nach der Unterführung biegen wir links ab und treffen auf die Obermühlstraße. Auf ihr kreuzen wir den Rainer-Maria-Rilke-Weg und treffen auf die Straße Am Gries, die uns zur Beuerberger Straße bringt. Auf ihr spazieren wir ein paar Meter zurück nach links, dann zweigt rechts die Josef-Schnellrieder-Straße ab. Auf ihr geht es zunächst etwas bergauf zu einem kleinen freien Platz, von dem gleich mehrere Wege abzweigen. Wir nehmen rechts den breiten Eichheimweg, der uns einen knappen Kilometer über den Dächern der Altstadt entlangführt. Fast auf Augenhöhe blicken wir auf den dicken Zwiebelturm der Pfarrkirche St. Andreas vor der Benediktenwand und sehen die vielen kleine Innenhöfe oder Gärten, die im Laufe der Jahrhunderte zwischen Straße und Berg entstanden sind.

INMITTEN DER FLÖSSERSTADT

Für uns ist der Weg an der Frauenkapelle zu Ende. Sie wurde nach einem Gelöbnis einer Wolfratshauser Familie nach dem Dreißigjährigen Krieg gebaut. Der feine Stuck im Inneren geht auf die Zeit nach 1670 zurück. Von der Kirche gehen wir hinunter zum Untermarkt, der Hauptstraße von Wolfratshausen, und bemerken gleichzeitig, dass neben uns ein kleiner Bach Richtung Loisach fließt. Solche Quellbäche gibt es zahllose in Wolfratshausen, doch sie fließen fast alle in unterirdischen Kanälen.

Die Bürger der Stadt konnten sich in der Vergangenheit durchaus etwas leisten. Das sehen wir am Humplbräu, das von seiner Größe her ein ansehnliches Schloss sein könnte. Wohlhabend war Wolfratshausen durch die Flößerei. In Wolfratshausen übernachteten die Flößer das letzte Mal, ehe sie ihre Fracht in München abluden.

Die Pfarrkirche St. Andreas geht auf die späte Gotik zurück. Nach dem Dreißigjährigen Krieg wurde sie barockisiert und mit ihrem prächtigen Hochaltar ausgestattet. Gegenüber der Kirche steht das Rathaus, über einen Durchgang erreichen wir das Loisachufer. Wir überqueren die Loisach auf dem Sebastianisteg. Loisachaufwärts kommen wir zur Johannisbrücke, auf der wir den Fluss nochmals überqueren. Für ein kurzes Stück folgen wir noch dem Loisachuferweg, dann geht es durch die Barbezieuxstraße. An deren Ende biegen wir links in die Badstraße, die uns zum Campingplatz zurückführt.

◄ Ehemaliges Kloster Beuerberg ► Paradiesischer Naturspielplatz Isarauen

![Rathaus von Geretsried photo]

Rathaus von Geretsried

OBERHALB DER ALTSTADT gibt es im Wolfratshauser Berg-wald für Kinder einen netten Walderlebnisweg und entlang der Loisach einen Kinderflößerpfad, der durchwegs auch für Erwachsene interessant ist.

MIT DEM FAHRRAD NACH BEUERBERG

Vom Campingplatz fahren wir auf der Badstraße nach rechts bis zur Loisach. Dort treffen wir auf einen kombinierten Fuß- und Radweg, dem wir nach rechts, also flussaufwärts, folgen. Er führt unter dem Autobahnzubringer hindurch und an einer Kleingartensiedlung entlang. Am Ende biegen wir links ab, überqueren die Loisach und biegen vor der Loisachkanalbrücke rechts ab. Ab jetzt ist der Loisachkanal unser Führer bis Beuerberg können wir auf ihm völlig ruhig und verkehrsfrei entlangfahren.

Vor Beuerberg überqueren wir die Loisach und können dann in den Loisachweg hineinfahren und im Gasthof Zur Mühle zu Mittag essen. Danach fahren oder schieben wir das alte Loisachhochufer hoch und erreichen über die Kugelstadtstraße und die Klosterstraße das alte Kloster (www.kloster-beuerberg.de). Im Kloster lebten bis vor ein paar Jahren Salesianerinnen. In der warmen Jahreszeit gibt es in den Klosterräumen gut aufbereitete Ausstellungen, die sich immer um Themen aus dem Klosterleben drehen. Der ehemalige Klausurbereich ist dann offen und kann besucht werden. Die alte Klosterkirche, die zur Pfarrkirche wurde, ist unbedingt auch einen

Besuch wert. Zurzeit wird sie jedoch restauriert und deshalb 2020 noch geschlossen sein. Besuchen können wir allerdings die Friedhofskirche hinter dem Klosterbereich. Ihre kostbare Barockausstattung gibt uns eine Ahnung, was uns nach der Restaurierung in der Klosterkirche erwartet.

Nach der Besichtigung fahren wir zuerst die Straße Am Pfarranger entlang zur Wolfratshauser Straße. Diese überqueren wir leicht links versetzt und nehmen den Rad- und Fußweg, der hier beginnt. Schnell stellt sich heraus, dass wir auf einem **alten Bahndamm** fahren und noch schneller bemerken wir, dass wir kaum treten müssen. Bis zum Campingplatz zurück geht der Weg entweder eben oder leicht abwärts, da wird das Radfahren zum bequemen Spaß! Wir fahren durch **Eurasburg** und sehen oben auf dem Hochufer das prächtige Renaissanceschloss, das Herzog Albrecht VI. von Bayern-Leuchtenberg ab 1626 bauen ließ. 1976 abgebrannt, wurde es in den Jahren danach wieder neu aufgebaut und in eine Wohneigentumsanlage umgewandelt.

Wir fahren auf unserem Radweg weiter und treffen auf die Stelle, an der wir bei der Hinfahrt die Loisach überquert haben. Auf dem bekannten Weg geht es zum Campingplatz zurück (leicht, 2 Std., 35 Hm, 21 km).

Die weiten Kiesbänke an der Isar in der Pupplinger Au

Das Kastenmühlwehr in Wolfratshausen

DURCH DIE ISARAUEN

Eine besonders naturnahe Wanderung führt durch die Isarauen in die nahe Stadt Geretsried. Dafür startet man mit seinen Badesachen und ausreichend Getränken im Gepäck, unterwegs gibt es nämlich nichts, in die Wolfratshauser Innenstadt. Am Johannissteg biegen wir in die Sauerlacherstraße ein und folgen ihr sehr lange. Sie führt uns an der Nantweiner Kirche vorbei aus Wolfratshausen hinaus und wir treffen schließlich an der Floßlände der Firma Angermeier auf die Isar. Wir bleiben auf der Wolfratshauser Isarseite und wandern in einem Bogen unter der großen Straße hindurch. Gleich darauf geht es auf einem Fuß- und Radweg in die Isarauen. Nun geben sowohl der Fluss als auch stets der größte Weg die Richtung vor. Wobei es sich durchaus lohnt, ab und an einem der kleinen Pfade nach links direkt an das Isarufer zu folgen. Unzählige der kleinen Wege verlaufen überall. Zum einen verwirrend, zum anderen gerade für Kinder ein herrliches Abenteuer. Im Grunde ist es einfach, es geht stets flussaufwärts und wenn wir ab und an in einer Sackgasse landen, müssen wir eben umkehren.

So passieren wir die Einmündung des Loisachkanals, an dieser Stelle werden wir etwas von der Isar weg geleitet. Bald queren wir den Kanal auf einem Steg, dann spazieren wir zunächst geradeaus über eine Wiese und erreichen hinter den Sportstätten und der Schule von Waldram wieder die Isar. Danach ist es nicht mehr weit und wir erreichen die ersten Häuser von Geretsried. Dort biegen wir rechts in die Blumenstraße ein und folgen ihr durch das Gewerbegebiet bis zur Bushaltestelle. Von dort geht es zurück nach Wolfratshausen (leicht, 3 Std., 35 Hm, 8,5 km).

SO STELLT MAN SICH EINE BAYRISCHE GASTSTUBE VOR. Das Gasthaus Humplbräu (www.humplbraeu.de) mitten im Obermarkt ist urig und gemütlich. Eine gut gefüllte Tageskarte erfüllt bayerische Gelüste und auch die Nachspeisen können sich sehen lassen. Den schönsten Gastgarten genießen wir im Wirtshaus Flößerei (www.wirtshaus-floesserei.de) direkt am Loisachufer. Ein wirklich feines Gasthaus mit sehr zu empfehlender Küche. Wer sich mit einem leckeren Frühstück verwöhnen lassen möchte, besucht am besten das Café Landhaus (www.landhauscafe.com) mit seinem großen Wintergarten. Wobei man dort auch den Rest des Tages und abends sehr gut essen kann.

DIE SCHÖNSTEN BADEPLÄTZE

Der kleine Weiher am Campingplatz ist leider nicht zum Baden freigegeben, wenn er auch auf manchen Karten als Badesee gekennzeichnet ist. Dafür bieten sich zwei viel schönere Möglichkeiten an, für die man allerdings ein **Fahrrad** braucht. Der eine Vorschlag wäre der **Starnberger See**. Dazu fährt man auf der Badstraße zur Loisach und dann am Ufer entlang wie bei der Tour nach Beuerberg. Nach der Kleingartensiedlung geht es rechts zur Äußeren Beuerberger Straße, die man bei der ersten Gelegenheit überquert. Diese Straße macht einen weiten Linksbogen, dann zweigt von ihr rechts die Straße nach Degerndorf ab. Durch den Ort fahren wir bis zum Weiher und biegen dort rechts ab. Wir überqueren die zweite große Dorfstraße und fahren geradeaus über die Felder nach Attenkam und weiter nach Holzhausen. Dort radeln wir kurz nach links und dann wieder nach rechts um den Holzhausener Kirchhügel herum zum See. Sowohl nach Norden als auch nach Süden finden sich immer wieder mehr oder weniger große freie Flächen, über die der See zum Baden zugänglich ist. Zurück geht es auf dem bekannten Weg oder über Ammerland und Münsing nach Wolfratshausen.

Zum Baden in der **Isar** ziehen wir die Uferbereiche bei Waldram vor. Dazu fahren wir wieder an die Loisach und überqueren nach der Kleingartensiedlung die Loisach. Jetzt biegen wir links ab und radeln am Loisachkanal flussabwärts. Bei einer der Brücken überqueren wir den Kanal, kreuzen mit einem Tunnel die B 11 und fahren dann weiter bis fast an die Stelle, an der

der Kanal in die Isar mündet. Dort ist ein kleiner Steg. Bei diesem biegen wir rechts ab und radeln über eine langgestreckte Wiese. An ihrem Ende stellen wir die Räder an einem geeigneten Platz ab und suchen uns einen Trampelpfad zur Isar. Hier gibt es immer Kiesbänke, von denen man ins Wasser gehen kann. Aber Vorsicht, die Isar ist hier als Wildfluss belassen. Das heißt, die Kiesbänke können jedes Jahr an einer anderen Stelle sein, auch die Strömung kann sich immer wieder ändern. Am besten ist es, sich an anderen Badegästen zu orientieren. Und, weil **Wildfluss**: Jeder ist für sich selbst verantwortlich, eine Aufsicht gibt es nicht!

Im Wolfratshauser Ortsteil Farchet gibt es einen großen **MÄRCHENWALD**, der alle Kinder begeistert. Neben liebevoll erzählten Märchen sorgen Karussells, Spielplätze, Fahrgeschäfte und eine Achterbahn für viel Action und Spaß (www.maerchenwald-isartal.de).

◀ Wolfratshauser Märchenwald ▶ Gasthaus zur Mühle

Feierliche Flößerwallfahrt, ganz ohne Livemusik und Bier.

FLOSSFAHRTEN

Ein ganz besonderes Schmankerl ist eine Floßfahrt von Wolfratshausen nach München zur zentralen Floßlände in München Thalkirchen. So eine Fahrt beginnt um 9 Uhr und endet je nach Wasserstand 6 bis 8 Stunden später in München. Zurück kann man, soweit der Floßunternehmer rechtzeitig Bescheid bekommen hat, mit den Flößern fahren. Für mehr Leute lässt sich auch eine eigene Rückfahrt (gegen Bezahlung) organisieren. Man kann jedoch auch mit der S-Bahn zurückfahren. Auf dem Floß fährt eine Musikkapelle mit, natürlich werden die Floßgäste mit Bier oder alkoholfreien Getränken versorgt, dazu gibt es eine bayerische Brotzeit und mittags etwas vom Grill. Gefahren wird bei jedem Wetter, bei Regen eben unter einem Zeltdach. Nur bei Hochwasser fällt die Fahrt aus. Das Ganze hat nur einen Haken: Viele Floßfahrten sind schon lange ausgebucht. Einzelreisende können versuchen, über Isar-Floß-Event (Tel. 08171/91 03 88, www.isar-floss-event.de) Tickets zu bekommen. Wenn es glückt, ist das auf alle Fälle ein Riesenspaß, den man so leicht nicht wiederbekommen kann.

Hubert und (ohne) Staller ist eine Kultserie, die in Wolfratshausen und Umgebung gedreht wurde. Sehr viele Szenen entstanden in der Innenstadt. So ist zum Beispiel das Hubert-und-Staller-Polizeirevier in einem ehemaligen Bürogebäude in der Sauerlacher Straße 25a. Es gibt einen Flyer, der einen Radweg zu den wichtigsten Drehorten in der Umgebung beschreibt. Auf dieser Runde kommen wir auch zur Bäckerei Rattlinger, die eigentlich in Ammerland liegt (www.tourismus.wolfratshausen.de).

AUF EINEN BLICK

Info

STADT/REGION: Wolfratshausen
BESTE REISEZEIT: Ganzjährig
OPTIMALE REISEDAUER: 2 Tage
TOURISTINFORMATION: Touristinfo Wolfratshausen, Marienplatz 1, 82515 Wolfratshausen, Tel. 08171/21 40, www.tourismus.wolfratshausen.de

CAMPINGPLATZ WOLFRATSHAUSEN

ADRESSE: Badstraße 2, 82515 Wolfratshausen, Tel. 08171/787 95, www.campingbayern.de. Im Winter hat der Platz geschlossen. Von November bis März nur Langzeit (2 bis 5 Monate) unter vorheriger Vereinbarung.

ANFAHRT: Autobahn A 95 Ausfahrt Wolfratshausen, auf dem Autobahnzubringer links Richtung Wolfratshausen, erste Abfahrt, weiter auf der Äußeren Beuerberger Straße und (beschildert) rechts in die Badstraße zum Campingplatz. Stellplatz vor dem Campingplatz.
GPS: 47.908173, 11.418313

Der kleine Campingplatz mit seinen max. 23 Stellplätzen liegt idyllisch an einem Weiher. Reservierungen sind möglich. Viele Extras wie z.B. eine offene Camperküche, Lagerfeuer, Grillmöglichkeit, Tischtennis, Spielplatz, Darts, eine Bücherecke sowie WLAN stehen den Gästen kostenlos zur Verfügung. Zu Fuß in die Altstadt von Wolfratshausen und zur S-Bahn nach München sind es nur wenige Minuten. Auch auf die Radwege kommt man direkt vom Stellplatz. Alles in Allem lässt sich der Campingplatz als kleiner und feiner Familienplatz beschreiben. Neue Sanitäranlagen.

OSTERSEEN

Badevergnügen unter Naturschutz

◀ Am Ufer der Osterseen ragen einzelne Bäume über das Wasser.
▶ Wanderer im Herbst

Die Osterseen zählen zu den schönsten Geotopen in Bayern. Kein Wunder, dass sie unter Naturschutz stehen. Das ganze Gebiet besteht aus unzählig vielen größeren und kleineren, sogar namenlosen Seen, die sich südlich von Seeshaupt bis nach Iffeldorf verteilen.

Die Seen sind Überbleibsel aus der Eiszeit. Als sich die Gletscher zurückzogen, blieben gewaltige Eisblöcke liegen. Durch das Schmelzwasser wurden sie teilweise mit Gesteinsschutt bedeckt. Man rechnet, dass es nochmals gut 1000 Jahre dauerte, bis diese Eisreste geschmolzen waren. Zurück blieben offene, mehr oder weniger große Wasserflächen, die wir heute Toteisseen nennen. Unter Naturschutz gestellt, hat sich bei Iffeldorf ein einzigartiges Biotop entwickelt, in dem man viele Insekten, Amphibien oder auch Vögel beobachten kann.

Was kaum jemand weiß, die Osterseen befinden sich bis heute eigentlich im Privatbesitz. 1861 kaufte Joseph Anton Ritter von Maffei große Ländereien bei Iffeldorf. Dazu gehören sämtliche Osterseen und weite Teile des Moores zwischen Iffeldorf und Seeshaupt. Er baute sich ein feudales Landhaus, das er als Sommersitz nutzte und ließ zunächst einmal den reichlich vorhandenen Torf abbauen. Den brauchte er dringend für seine Lokomotiven, denn er besaß in München die damals wohl größte Eisenbahnfabrik der Welt. Das waren Dampflokomotiven, die mit teurer Kohle beheizt wurden. Der Torf war, wenn man auch mehr als Kohle brauchte, sehr viel billiger. Aber die Familie von Maffei und ihr Nachkomme Hugo von Maffei haben das Landgut nicht nur als Sommersitz genutzt. In kurzer Zeit entstanden eine eigene Brauerei, ein Maschinenbauunternehmen und sogar ein eigenes Krankenhaus sowie ein landwirtschaftlicher Betrieb, der als Mustergut geführt wurde. Nach dem Tod von Hugo von Maffei kam die Familie in finanzielle Schwierigkeiten. Große Teile des Besitzes mussten verkauft werden. Dennoch gehören bis heute die Osterseen und große Flächen um die Seen den Nachfahren der Familie Maffei.

KULINARISCH DURCH IFFELDORF

Iffeldorf ist nicht groß. Dennoch besitzt es eine große Dichte an Einkehrmöglichkeiten, wovon eine besser als die andere ist. Wenn wir alle testen wollen, müssen wir länger als ein Wochenende bleiben. In der Ortsmitte gibt es den großen Landgasthof Osterseen (www.landgasthof-osterseen.de) mit seiner wirklich herausragenden Küche, einschließlich einer tollen Sonnenterrasse, die zum feinen Essen einen unbezahlbaren Blick über die Ostersee serviert. Neben der Dorfkirche St. Vitus befindet sich das Café & Lokal Vitus (www.vitus-wein.de). Die Auswahl auf der Speisekarte ist nicht groß, dafür wird frisch und lecker gekocht. Die Küche ist mediterran angehaucht und die Tagesgerichte variieren. Am Wochenende gibt es oft den klassischen Schweinsbraten in Bio-Qualität. Alles in allem eine sehr zu empfehlende Adresse, was man an den vollen Tischen auch merkt. Und dann steht noch der kleine Kiosk Seemadames (www.dieseemadames.de) am Wanderparkplatz unterhalb der Kirche. Der hat nichts gemein mit einem klassischen Kioskbetrieb. Er ist einfach etwas ganz Besonderes. Das spürt man bei den liebevoll zubereiteten Speisen, den fantasievollen Getränken und dem ganzen Drumherum. Unbedingt ausprobieren, aber unbedingt zuvor die Öffnungszeiten überprüfen. Im Sommer ist eigentlich immer offen, nur bei Regen oder Sturm nicht.

 DAS RESTAURANT WALDHAUS am Fohnsee, das gemeinhin auch nur als Fohnseestüberl (www.fohnsee.de) bezeichnet wird, liegt direkt neben dem Bade- und Campingplatz. Die Küche ist hervorragend und sehr abwechslungsreich. Man muss frühzeitig dort sein, um vom täglich frisch über Holzkohle zubereiteten Steckerlfisch überhaupt etwas abzubekommen. Einziger Wermutstropfen: Mückenmittel sicherheitshalber nicht vergessen!

◀ Das Lokal Vitus direkt an der Kirche von Iffeldorf ▶ Iffeldorfer Töpferei

Der Badeplatz an unserem Stellplatz am Fohnsee

Das klare Wasser im Ostersee lässt Schatten der Wasserpflanzen tanzen.

UNGETRÜBTER BADESPASS AM FOHNSEE

Wenn man direkt aus dem Wohnmobil in den See hüpfen kann, ist das schlichtweg Luxus. Und diesen Luxus kann man sich bei einem Aufenthalt am Fohnsee einfach gönnen. Hier gibt es eigentlich nur Pluspunkte. Das Wasser erwärmt sich schnell im Sommer, es hat eine wunderbare Farbe, im Uferbereich ist es flach, sodass auch Familien mit kleineren Kindern auf ihre Kosten kommen und auf der Liegewiese muss man nicht um Schattenplätze kämpfen. Über dem Platz spenden lichte Baumgruppen gerade die optimale Mischung aus Sonne und Schatten.

Und nicht zu vergessen ist der sensationelle Blick beim Schwimmen. Hinter dem Schilf schaut Iffeldorf mit seiner barocken Zwiebelturmkirche hervor, während im Hintergrund geradezu kitschig der Heimgarten und die Zugspitze den Abschluss bilden.

KULTUR IM CAMPENDONKMUSEUM PENZBERG

Die Stadt Penzberg liegt nicht weit von Iffeldorf. Dorthin kommen wir mit dem Bus oder mit dem Zug. Penzberg selbst ist ein ehemaliges Bergarbeiterstädtchen. Ein gewachsener historischer Ortskern fehlt leider völlig, als malerisch würde man die Stadt sicher auch nicht bezeichnen. Warum sollten wir sie dann besuchen? Penzberg besitzt ein sehr gutes Kunstmuseum (www.museumpenzberg.de) mit einer großen Sammlung an Gemälden von Heinrich Campendonk. Der 1889 in Krefeld geborene Maler, der zum Künstlerkreis Blauer Reiter rund um Wassily Kandinsky gehörte, lebte von 1916 bis 1922 in Seeshaupt. Er fühlte sich zu Penzberg besonders hingezogen, denn er malte immer wieder Szenen aus der Berg-

arbeiterstadt. Als »entarteter Künstler« war er in Deutschland verfemt, er floh in die Niederlande, wo er 1957 auch verstarb. Das Passionsfenster in der Penzberger Christkönigskirche entstand 1937 und wurde in der Weltausstellung in Paris mit dem Grand Prix ausgezeichnet. Das Museum ist als Tipp gedacht, falls uns während des Osterseen-Ausflugs doch einmal ein Regentag dazwischenkommt.

RUNDTOUR UM DIE OSTERSEEN

Dies ist eine unserer **Lieblingswanderungen**. Im Naturschutzgebiet zwischen mystisch dunklen Toteisseen und sonniger Moorlandschaft führt ein wunderschöner Weg am Wasser entlang. Dramatisch wachsen Bäume schier auf die Wasseroberfläche hinaus. Daneben stehen alte verfallene Baumstümpfe im vielfarbig schillernden Moorwasser, in dem sich die nahen Berge spiegeln.

Direkt von unserem Stellplatz aus machen wir uns auf den Weg in nördliche Richtung. So wandern wir am Restaurant Waldhaus vorbei und schon geht es durch das Areal der Dauercamper. Ein kleines **Brücklein** bringt uns über den Wasserlauf, der den Fohn- und Staltachersee verbindet. Am Nordufer werfen wir noch einen Blick zurück nach Süden auf Iffeldorf, dann geht es durch den lichten Wald weiter. Nach links könnten wir abkürzen und somit nur um den Fohnsee wandern.

Für die große Runde bleiben wir in nördlicher Richtung und bald schon wandern wir am Ostufer des Großen Ostersees entlang. Langsam lichtet sich der Wald, unweit des **Gut Aiderbichls** treffen wir auf weitere Badestellen. Dahinter folgen wir ein kurzes Stück den Gleisen der Bahn, dann geht es links auf einem Pfad durch den breiten Schilfgürtel. Mit seinen vielen kleinen Buchten ist er ein wertvolles Brutgebiet für Vögel. Dass man diese Zone, sie ist Naturschutzgebiet, auf keinen Fall betritt, ist selbstverständlich. Nun haben wir das nördliche Ende des Ostersees erreicht und treffen auf eine geteerte Straße, der wir links zur **Privatklinik Lauterbach** folgen. Direkt am Klinikparkplatz geht es dann wieder links auf dem Rundweg weiter, dem Seeufer entlang.

Etwas unterhalb des Gutshof Schwaig sind wir dann wieder auf einer kleinen geteerten Straße unterwegs. Für einen Abstecher können wir links die Blaue Quelle besuchen. Dort lässt uns ein Steg in den tiefen **Quell-**

Die berühmte Heuwinkelkapelle von Iffeldorf

trichter des Seegrundes schauen, aus dem Grundwasser bester Qualität austritt. Wenn es windstill ist, sieht man deutlich die stete Strömung des emporquellenden Wassers. Ihren Namen hat die Quelle von der bläulichen Färbung des klaren Wassers bekommen, das sich von dem moorbraunen Seewasser deutlich unterscheidet. Solche Quellen gibt es überall in diesen Seen. Ihr kühles, sauerstoffhaltiges Wasser trägt wesentlich zum Erhalt ihres ökologischen Gleichgewichts bei.

Ansonsten bleiben wir in südlicher Richtung und erreichen bald den großen Wanderparkplatz unterhalb der Kirche in Iffeldorf. Wer Hunger hat, kann nun gut eine der anderen Einkehrmöglichkeiten im Dorf austesten. Nach dem Landgasthof Ostersee geht es links in die Ostseestraße. Diese bringt uns geradeaus zu unserem Camper zurück (leicht, 2,5 Std., 100 Hm, 10 km).

An den Osterseen gibt es einen Ableger der Tierauffangstationen von Gut Aiderbichl (www.gut-aiderbichl.com). Hier leben mehr als 300 gerettete Tiere, darunter viele Katzen, Hunde, Pferde, Esel, Rinder, die sich immer über einen Besuch freuen. Viele Veranstaltungen im Laufe des Jahres sorgen dort für unvergessliche Momente (www.gut-aiderbichl.com).

Iffeldorf beherbergt neben den guten Restaurants auch ein kulturelles Highlight. Etwas außerhalb des Ortes Richtung Penzberg steht auf einem Hügel die kleine runde **HEUWINKEL-KAPELLE**. Sie gehört zu den Hauptwerken des Wessobrunner Baumeisters Johann Schmuzer. Der Deckenstuck zählt zum Feinsten, was die Wessobrunner Stuckateure geschaffen haben.

AUF EINEN BLICK

STADT/REGION: Iffeldorf
BESTE REISEZEIT: Sommer
OPTIMALE REISEDAUER: 2 Tage
TOURISTINFORMATION: Touristinfo Iffeldorf, Staltacher Straße 34, 82393 Iffeldorf, Tel. 08856/901 99 20, www. iffeldorf.de

CAMPINGPLATZ FOHNSEE

ADRESSE: Fohnseeweg, 82393 Iffeldorf, Tel. 08856/78 74, www.campingplatz-fohnsee.de
ANFAHRT: Autobahn München-Garmisch A 95, Ausfahrt Penzberg/Iffeldorf, rechts nach Iffeldorf und dort der Beschilderung zum Campingplatz folgen. Es gibt nur den einen, er liegt am Ende der Straße.
GPS: 47.778593, 11.316654

Der von Mitte April bis Mitte Oktober geöffnete Campingplatz Fohnsee befindet sich im wunderschönen Naturschutzgebiet der Osterseen bei Iffeldorf. Ein Restaurant liegt direkt daneben, weitere Restaurants oder seine Einkäufe erledigt man am besten mit dem Fahrrad im nahen Ortszentrum (zu Fuß gut 30 Mi-

Blick vom Campingplatz

nuten). Die herrliche Umgebung lädt zu Wanderungen und Radtouren ein und natürlich ist der Platz bestens geeignet für ein Sommerwochenende an einem der schönsten und wärmsten Badeseen südlich von München. Der kleine Platz ist aber schnell voll, deswegen besonders in den Ferien oder für Brückentage unbedingt vorher anmelden. Achtung! Nach einer Regenperiode im Sommer explodiert in den feuchten Uferzonen rund um die Osterseen die Mückenpopulation. Das kann zu einer echten Plage werden, deshalb Mückenschutz nicht vergessen!

BENEDIKTBEUERN

Zwischen Loisach und Benediktenwand

Das Wahrzeichen von Benediktbeuern ist sein Kloster vor der Benediktenwand.

Das beschauliche Kochelseemoor erstreckt sich nördlich des Kochelsees über Benediktbeuern bis an die Grenzen von Penzberg. Stolz wirkt das Kloster Benediktbeuern, das seine zwei Zwiebeltürme aus dem Loisachmoor gegen den mächtigen Bergrücken der Benediktenwand reckt.

Das Kloster Benediktbeuern war viele Jahrhunderte Mittelpunkt des kulturellen und religiösen Lebens der Gegend und ist es bis heute, trotz Säkularisation, geblieben. Seit 1930 haben sich die Salesianer Don Boscos in den Gebäuden niedergelassen. Sie betreiben dort unter anderem eine Hochschule, sodass viel junges Leben im und rund um das Kloster herrscht. Außerdem gibt es viele Aktivitäten, die sich vor allem auf die Bewahrung der Umwelt beziehen. Da kommt natürlich eine so schöne Lage im landschaftlich reizvollen Moor wie gelegen. Logisch, dass die Benediktbeuerer auf ihr Kloster stolz sind, auch wenn sie manchmal scherzhaft sagen, dass ihr Dorf geteilt ist. So spricht man in Benediktbeuern von einer Dorfseite und einer Klosterseite. Aber das ist praktisch, denn so weiß man gleich, wo man suchen muss. Der Wohnmobilstellplatz liegt übrigens auf der Dorfseite, fast schon am Fuß der Berge. Aber so groß ist das ganze Dorf nicht, zu Fuß ist alles erreichbar, aber natürlich ist auch ein Fahrrad sinnvoll.

BENEDIKTBEUERN UND SEIN KLOSTER

Das weithin sichtbare Kloster Benediktbeuern (www.kloster-benediktbeuern.de) ist nicht nur kunsthistorisch ein wahres Kleinod. Bereits der große barocke Klosterinnenhof mit seinen mächtigen Arkadengängen lockt zu einem Rundgang. Die prächtige Klosterkirche wurde von Caspar Feichtmayr erbaut und ist mit Stuck und Fresken von Hans Georg Asam verziert. Zur freien Besichtigung steht aber auch der gotische Kreuzgang mit dem barocken Kapitelsaal offen. Wer etwas Zeit hat, sollte sich unbedingt einer Klosterführung zum Alten und Neuen Festsaal sowie der Bibliothek anschließen. Diese finden u. a. am Wochenende um 14.30 Uhr statt. Aber auch ohne die Führung gibt es rund um das Kloster noch jede Menge mehr zu erleben. Ein Tag reicht dazu kaum aus. Schon der unmittelbare Klosteraußenbereich hat viel zu bieten: die bezaubernden Gärten mit

Kräuterschnecke und Bodenmosaiken, das große Meditationslabyrinth sowie den neu renovierten Meierhof, in dem das **Zentrum für Umwelt und Kultur** beheimatet ist. Dort werden auch spannende Veranstaltungen wie Fledermaus-Nachtwanderungen oder Bibertouren geboten. Unbedingt die Termine vorab im Internet recherchieren.

Außerdem können wir das **Trachteninformationszentrum** und die **Fraunhofer Glaswerkstätten** besichtigen. Dort arbeitete Ende des 18. Jahrhunderts Josef Fraunhofer für den Unternehmer Josef von Utzschneider und revolutionierte die gesamte Optik. Die optischen Geräte aus Benediktbeuern, seien es Ferngläser, Theodoliten, Teleskope für die Astronomen oder Spektralapparate erlangten innerhalb weniger Jahre Weltruf. Niemand konnte eine ähnliche Qualität anbieten. Selbst Napoleon soll nicht mehr von einem Fernrohr, sondern von einem Fraunhofer gesprochen haben. Bis heute funktionieren die modernen optischen Geräte – von der einfachen Brillenlinse über das Fotoobjektiv bis hin zum Teleskop, mit dem man die Weiten des Weltalls erforscht – nach den Grundlagen, die Fraunhofer damals beschrieben hat.

Im Innenhof des Klosters Benediktbeuern

◀ Birken säumen den Moorsee an der Loisach. ▶ Kinder lieben den Moorpfad.

SONNIG UND EBEN AUF DEM LOISACHRUNDWEG

Eine der schönsten Wanderungen führt uns direkt hinter das Kloster hinein in das Loisachmoor. Auf verschiedenen gut ausgearbeiteten Naturlehrpfaden gibt es viel zu bestaunen, zu beobachten und zu erforschen. Ganz spannend und sehr liebevoll angelegt sind die Naturbiotope gleich hinter dem großen Klosterparkplatz. Links und rechts des Hauptweges wandert man über hölzerne Stege und Bretter durch die Feuchtbiotope. Hier tummelt sich alles, was im Moor Rang und Namen hat. Frösche sind selbstverständlich, aber es gibt auch jede Menge Krabbelgetier, Schlangen, Echsen, Schmetterlinge, Vögel, Fledermäuse und Insekten, für die man Insektenhotels errichtet hat. So nah kommen wir den Tieren selten. Wer den Loisachrundweg dann in westlicher Richtung fortsetzt, hält sich am Ende der Allee rechts. Im weiteren Verlauf passieren wir den netten Klanglehrpfad und die Vogelbeobachtungsstation. Danach wendet sich der Weg nach rechts entlang des kleinen Aschbaches und biegt dann wieder links in westliche Richtung ein. Kurz vor der Loisach besuchen wir noch rechts den Moorpfad. Durch ein Birkenwäldchen geht es auf dem Naturlehrweg über Schlammpfad, Bohlenweg, Schwingseil, Wippe und Floß. Ein riesengroßer Spaß für Groß und Klein.

Wer möchte dreht nach dem Besuch des Moorpfades um. Schöner ist aber der Rundweg, für den wir jetzt jedoch noch nicht einmal die Hälfte der Strecke zurückgelegt haben. Wir wandern noch bis zur Loisach vor und folgen ihr dann flussaufwärts nach links. Jetzt geht es an ihrem Ufer entlang immer in südlicher Richtung. Schließlich weist uns ein Schild den Weg nach links zurück Richtung Benediktbeuern. Nun wandern wir wieder auf die Berge zu und erreichen an den Gleisen den Ortsrand von Benediktbeuern.

◀ Am Klanglehrpfad ▶ Die Doppeltürme des Klosters Benediktbeuern

Wer direkt zum Stellplatz zurück möchte, unterquert die Bahn und wandert auf der Mondscheinstraße durch das kleine Gewerbegebiet. Etwas nach links quert man im Anschluss die B 11 in die Benediktusstraße, die uns dann ein gutes Stück später nach rechts auf der Schwimmbadstraße zu unserem mobilen Zuhause führt. Wer lieber zum Kloster möchte, hält sich vor den Gleisen links und steuert einfach die beiden Kirchtürme an.

DIREKT AM KLOSTER gibt es den netten Wirtshausgarten vom Klosterbräustüberl (www.klosterwirt.de). Bodenständige bayerische Küche wird serviert. Noch dazu scheint abends lange die Sonne auf die Tische, sehr idyllisch.

DAS ALPENWARMBAD liegt nur wenige Schritte vom Stellplatz entfernt und öffnet je nach Witterungslage Mitte Mai. Großzügige Liegeflächen mit schöner Aussicht verteilen sich um drei Becken. Vom Kleinkinderparadies bis zum großen Sportbecken ist für jeden etwas dabei.

ÜBER DIE TUTZINGER HÜTTE ZUR BENEDIKTENWAND

Ein Klassiker in den Bayerischen Hausbergen ist die Besteigung der **Benediktenwand**. Für die **Bergtour** brauchen wir aber einiges an Ausdauer und Kondition. Bis zur Tutzinger Hütte handelt es sich um eine leichte, aber lange Bergwanderung. Der Ostanstieg zum Gipfel ist mit zwei drahtseilgesicherten Felsstufen recht anspruchsvoll. Etwas Trittsicherheit ist hier schon erforderlich. Leichter ist der Gipfelsturm über die Westseite. Wer ein Mountainbike besitzt, kann einen großen Teil des langen Aufstiegsweges mit dem Bergradl abkürzen.

Der Startplatz für diese Tour liegt nur wenige Meter von unserem Stellplatz entfernt am Alpenwarmbad. Vor dem Schwimmbad halten wir uns links und folgen nun stets dem Feldweg, der kurz darauf ansteigt und sich dann nach rechts wendet. Die Bergradler bleiben nun auf dieser Straße. Die Wanderer kommen in den Genuss einiger Steige, mit denen sich die langweilige kleine Bergstraße an ein paar Stellen abkürzen lässt. Wir passieren die kleine Kohlstattalm, die etwas erhöht rechts von uns steht. Kurz darauf geht es – zumindest für die Wanderer – links durch den Wald entlang des Eibelsbaches zur **Eibelsfleckalm**, die nun schon deutlich näher an der Benediktenwand liegt. Über die Wiese lässt sich ein letztes Mal die Fahrstraße abkürzen, dann erreichen wir die Talstation des Lastenaufzugs. Ab hier geht es nun für alle zu Fuß weiter und jetzt wird der Weg deutlich

Das weite Moor lädt zu ausgedehnten Radtouren ein.

▲ Die Birkenallee führt an die Loisach. ◄ Das Benediktbeurer Moor ist der perfekte Lebensraum für Störche. ▶ Otti's Eiscafé ist eine Sünde wert.

spannender. Knappe 200 Höhenmeter später stehen wir vor der **Tutzinger Hütte** (www.dav-tutzinger-hütte.de). Sie bietet sich natürlich auch für eine Übernachtung an, denn bis zum Gipfel der Benediktenwand sind es weitere 1,5 Stunden Gehzeit und 500 Höhenmeter Aufstieg (schwer, 7 Std., 1250 Hm).

EIN BISSCHEN SUCHEN müssen wir schon, um **Otti's Eis- und Cafégarten** (www.ottis-cafe.de) in der Ignaz-Günther-Straße hinter dem Bahnhof zu finden. Aber wenn wir das geschafft haben, steht einem wunderbaren Cafébesuch nichts mehr im Wege. Ein echter Geheimtipp, der am besten bei sonnigem Wetter erkundet wird, wenn wir dort im malerischen Garten sitzen können. Pst, mehr verraten wir jetzt nicht.

AUF EINEN BLICK

Info

STADT/REGION: Benediktbeuern
BESTE REISEZEIT: April bis Oktober
OPTIMALE REISEDAUER: 2 Tage
TOURISTINFORMATION: Gästeinfo Benediktbeuern,
Prälatenstraße 3, 83671 Benediktbeuern, Tel. 08857/248,
www.benediktbeuern.de

WOHNMOBILSTELLPLATZ BENEDIKTBEUERN

ADRESSE: Schwimmbadstraße 37, 83671 Benediktbeuern,
www.benediktbeuern.de
ANFAHRT: Autobahn A 95 Ausfahrt Sindelsdorf/Bad Tölz, weiter auf
der B 472 Richtung Bad Tölz, dann rechts auf die B 11 nach Benediktbeuern abbiegen. Auf der Hauptstraße durch den Ort, dann fast
am Ortsende links in die Benediktusstraße Richtung Schwimmbad,
Parkplatz ist ausgeschildert.
GPS: 47.699070, 11.416211

Der kleine, ebene und sehr sonnige Stellplatz wurde auf einem ehemaligen Tennisplatz errichtet. Er ist geöffnet von 1. April bis 31. Oktober.
15 Wohnmobile finden dort in ruhiger Lage am Ortsrand einen Platz
zum Übernachten. Ver- und Entsorgung ist für Camper, die übernachten, kostenfrei, Strom gegen Gebühr. Gegen Vorlage des kleinen
Abriss-Abschnitts des Parkscheins erhält man von Mitte Mai bis Anfang September beim Kauf einer Tageskarte ermäßigten Eintritt ins
Alpenwarmbad und kann somit auch duschen.

Der Stellplatz befindet sich unweit des Alpenwarmbads.

WALCHENSEE

Wasserspass gepaart mit Bergluft

Badeplatz am Walchensee

Der Walchensee ist einer der schönsten Badeseen Bayerns. Umgeben von Bergen wird er gerne mit einem See in Kanada oder in Skandinavien verglichen. Dabei hat der Walchensee einen großen Pluspunkt: Touristisch voll erschlossen liegt er gleichzeitig in einem Landschaftsschutzgebiet. So sind Freizeitspaß und intakte Natur kein Widerspruch.

Direkt am Walchensee liegen nur zwei Orte: Walchensee und Urfeld. Alle anderen, z. B. Sachenbach, Einsiedl oder Zwergern sind nur kleine Weiler, die malerisch am Seeufer stehen. Nach Norden verhindern der Herzogstand mit dem Heimgarten sowie der Jochberg die freie Sicht hinunter auf die Kochelseebene. Im Süden hingegen schieben sich vor das Karwendel zunächst noch einige bewaldete Berggipfel, die der Dramaturgie jedoch nichts nehmen. Umrahmt von dieser Kulisse ergibt sich am Walchensee eine besondere Thermik, die jede Menge Surfer, Segler und Kiter auf das Wasser lockt.

Der fast 200 Meter tiefe Walchensee steht natürlich im Mittelpunkt. Auch wenn das Wasser im Sommer erfrischend kühl bleibt, bieten seine vielen naturbelassenen Strände Erholung und Badespaß. Neben dem Wassersport bietet sich die Gegend aber auch hervorragend zum Wandern oder zum Radfahren an.

BESONDERS MALERISCH sitzt man im Strandcafé Bucherer direkt in erster Reihe am See (Seestraße 1, Walchensee Ort). Dort serviert man hausgemachte Kuchen und leckere Kleinigkeiten.

ZEIT FÜR WIKINGER

Es sind vor allem die Farbe des Wassers und die sich darin spiegelnden Berge, die jeden Walchenseebesucher begeistern. Deshalb ist der See auch ein beliebter Drehort für Filme die, laut Drehbuch, eigentlich ganz woanders spielen. Im Sommer 2008 wurde am Walchensee der Film *Wickie und die starken Männer* von Bully Herbig gedreht. Und bereits 50 Jahre früher entdeckte Hollywood den See für die Verfilmung *Die Wikinger* mit Kirk Douglas. Viele Kinobesucher wollten sich natürlich die Drehplätze ansehen und so gibt es im Ort Walchensee direkt am Seeufer das Wikingerdorf Flake. Das Filmdorf stand zwar ursprünglich in Sachenbach, aber es handelt sich um die originale Filmkulisse. Sie kann in den Sommermonaten tagsüber bei freiem Eintritt besucht werden. Und einmal im Jahr gibt es dort ein echtes Wikingerfest.

EIN PAVILLON AM GIPFEL

Für den Aufstieg zu Fuß auf den Herzogstand starten die meisten in Urfeld von der Passhöhe des Kesselbergs. Das ist der Weg, den auch der Märchenkönig Ludwig II. gerne nahm, um seinen Lieblingsberg, den Herzogstand, zu besuchen. Dabei war der König eigentlich kein großer Bergsteiger, auch er benutzte, soweit es ging, Kutschen und Sänften. Wir können es ihm gleichtun und statt dem Fußmarsch ganz bequem mit einer Gondel auf den Herzogstand (www.herzogstandbahn.de) schweben. Die Talstation dazu liegt im Ort Walchensee. Wir erreichen sie entweder zu Fuß von den beiden Stellplätzen oder mit dem Bus. Die Bergstation liegt ein gutes Stück unterhalb des Gipfels, sodass wir immer noch gut 30 Minuten Aufstieg brauchen, um ihn zu erreichen. Der Weg dorthin ist jedoch sehr einfach. Er führt unter dem Martinskopf vorbei zum Beginn des großen Latschenfeldes, mit dem fast die komplette Herzogstand-Südseite bedeckt ist. Im Zickzack geht es nun auf dem breiten Bergpfad

Ruderboote kann man sich in Urfeld und im Ort Walchensee ausleihen.

Bei Kitesurfern ist der Walchensee sehr beliebt.

aufwärts. In der letzten Linkskurve steht etwas abseits des Weges das Gipfelkreuz des Herzogstands, von dem wir die unbeschreiblich schöne Aussicht zum ersten Mal genießen dürfen. Nach wenigen Minuten sind wir dann am höchsten Punkt der Wanderung angekommen und stehen am Pavillon auf 1732 Metern.

Einige Bergsteiger wählen vom Gipfel dann den Gratweg und steigen vom Herzogstand zum Heimgarten hinüber. Die Tour gehört zu den beeindruckendsten Wanderungen in den Alpen, aber dafür sind Schwindelfreiheit und Trittsicherheit Voraussetzung.

KUNST AM SEE

Kunstbegeisterte finden am Nordufer in Urfeld ein kleines, aber sehr interessantes Museum, das Lovis Corinth gewidmet ist. Es wurde zu seinem 150. Geburtstag im ehemaligen Hotel Post eröffnet. Der impressionistische Maler Lovis Corinth lebte von 1918 bis 1925 in seinem Haus in Urfeld und schuf dort viele Landschaftsbilder mit Motiven vom Walchensee, die er übrigens alle sehr erfolgreich verkaufte.

Passend dazu gibt es auch einen 2,5 Kilometer langen Kunstthemenweg, der entlang von sieben Ausstellungstafeln Wissenswertes über das Leben und den Werdegang des Künstlers vermittelt. Der Rundweg beginnt in Urfeld (gegenüber vom Café am See) und endet am Walchensee-Museum (geöffnet von Juni bis September, Donnerstag bis Sonntag 10.30 bis 16.30 Uhr, www.walchenseemuseum.de).

▲ Ein einsamer Feldweg führt zur Kirche St. Margareth.
▼ Bauernhaus auf der Halbinsel Zwergern

SEEUMRUNDUNG

Die schönsten Stellen am Walchensee erreicht man am einfachsten mit dem Fahrrad und so sollten wir uns die 26 Kilometer lange Seeumrundung nicht entgehen lassen. Von unseren Stellplätzen aus umrunden wir den See am besten in Uhrzeigerrichtung. So radeln wir immer auf der dem See zugewandten Straßenseite und die schönsten Badeplätze liegen in der zweiten Hälfte der Runde. Außerdem bringen wir so das stark befahrene Wegstück entlang des Westufers, an dem es keinen Radweg gibt, zu Beginn hinter uns.

Das ganze Ostufer ist dann für Fahrzeuge gesperrt, ein echter Radltraum. Kurz vor dem Südufer verläuft der offizielle Radweg dann nicht mehr in Seenähe, mit ein paar Höhenmetern werden wir umgelotst. Aber in Niedernach an der Straße zur Jachenau hat uns das Ufer wieder. Dort geht es dann nach rechts auf der für Radfahrer kostenfreien Mautstraße entlang einiger wunderschöner Badestrände zurück.

HALBINSEL ZWERGERN

Sowohl vom Campingplatz in Urfeld als auch vom Stellplatz in Einsiedl starten wir direkt zu dieser **Erkundungswanderung**. Je nachdem, von wo wir starten, gehen wir im oder entgegen dem Uhrzeigersinn. Wer von Einsiedl startet, quert den Zulauf des Obernachkanals und hält sich dann rechts. Anfangs stets am Wasser entlang erreichen wir so über die Wiesen die Einöde **Zwergern**. Sie hat der Halbinsel den Namen gegeben. Besiedelt wurde sie schon in der Mitte des 12. Jahrhunderts, die Bewohner ernährten sich vom Fischfang. 1344 bekamen die Fischer eine eigene Kirche, die der Hl. Margareth geweiht ist. Ein Feldweg, der kurz vor den Häusern von Zwergern rechts beginnt, führt uns zu ihr. Den Turm mit der barocken Zwiebel hat sie 1778 bekommen, der Hochaltar mit dem Bild der Kirchen-patronin ist gut 100 Jahre älter. Hinter der Kirche findet sich der erste schöne **Badeplatz am See**, viele weitere werden wir noch kennenlernen. Wir wandern zu unserem Weg zurück, passieren die alten Fischerhäuser und umrunden den dicht bewaldeten Hauptteil der Halbinsel zum **Klösterl**. Das war tatsächlich ein winzig kleines Kloster aus der Zeit des Barock, das aber rasch wieder aufgelöst wurde. Heute ist es im Besitz der Diözese Augsburg, die es als Jugendbildungshaus nutzt (Besichtigung von Mai bis Oktober, Sonntag 10:30 bis 11:30 möglich). Am Klösterl und vielen schönen Badestellen vorbei kommen wir zum Campingplatz Walchensee. An seinem Ende biegen wir links ab (hier starten dann die Campingplatzgäste) und folgen zuerst der Fahrstraße, um dann wieder links auf einen Forstweg abzubiegen. Über die höchste Stelle der Halbinsel treffen wir auf unseren Weg, auf dem wir um die Halbinsel herum zum Wohnmobil zurückkehren.

Etwas südlich vom Walchensee liegt die Gemeinde **WALLGAU**. Dorthin verkehrt mehrmals täglich ein Bus, die Haltestellen liegen in der Nähe der Stellplätze. Ein netter Ausflug in ein typi-sches oberbayerisches Dorf. Lüftlmalereigeschmückte Häuser gruppieren sich um die Dorfkirche, es gibt gute Wirtschaften, etwa das Gasthaus zur Post, und sogar nette Almen, die man auf einer sehr kurzen Wanderung besuchen kann (Maxhütte und Auhütte).

AUF EINEN BLICK

STADT/REGION: Walchensee
BESTE REISEZEIT: Mitte Mai bis Anfang September
OPTIMALE REISEDAUER: 2 Tage
TOURISTINFORMATION: Touristinformation Walchensee,
Ringstraße 1, 82432 Walchensee, Tel. 08858/411
www.walchensee-kochelsee.de

Info

Der Campingplatz Walchensee liegt direkt am Wasser.

CAMPINGPLATZ WALCHENSEE

ADRESSE: Lobisau, 82432 Walchensee,
Tel. 08858/92 91 68,
www.camping-walchensee.de
ANFAHRT: Autobahn A 95 Ausfahrt Großweil, weiter über
Schlehdorf nach Kochel. Auf der B 11 über den Kesselberg zum
Walchensee und weiter entlang des Ufers zum Ort Walchensee.
Ca. 500 Meter nach dem Ortsende links zum beschilderten
Campingplatz abbiegen.
GPS: 47.582921, 11.310151

Schöner, ruhig gelegener Campingplatz direkt am Ufer des Walchen-
sees. Lichter Baumbestand sorgt auch für ein paar schattige Plätzchen.
Ein Kiesstrand erwartet uns für Badetage stets mit tollen Ausblicken
auf den Herzogstand. Der Ort Walchensee mit Einkaufsmöglichkeiten,
Fahrrad-, Ruderboot- und Stand-up-Paddling Verleih liegt gerade
einmal 10 Minuten entfernt.

STELLPLATZ WALCHENSEE

ADRESSE: Einsiedl, 82432 Walchensee
ANFAHRT: Zunächst wie zum Campingplatz, dann aber nicht von
der B 11 zum Campingplatz abbiegen, sondern weiter nach Einsiedl,
dort links Richtung Jachenau und vor der Mautstelle nochmals links
auf den Stellplatz.
GPS: 47.569247, 11.302702

Maximal drei Tage lang sind Übernachtungen möglich. Spätestens
um 11 Uhr muss man abreisen oder für den nächsten Tag bezahlen.
Versorgung mit Wasser und Strom ist vorhanden, Entsorgung ist
leider nicht möglich. Der Parkplatz liegt ganz in der Nähe zum See,
aber dort gibt es keinen Badezugang. Zum Baden muss man die
wenigen Minuten nach Einsiedl gehen, dort gibt es auch den Was-
sersportverleih Einsiedl, bei dem wir SUPs, Kajaks, Kanadier oder
Kanus ausleihen können.

BAD TÖLZ

Am Tor zum Isarwinkel

Die Isar hat herrlich weite Kiesbänke zwischen Bad Tölz und Lenggries.

Seit dem Mittelalter wird das Tal entlang der Isar zwischen Bad Tölz und Wallgau Isarwinkel genannt. Sieht man vom Stausee am Sylvenstein ab, darf der Fluss hier wild und unreguliert fließen. Langgestreckte Kiesbänke, die sich nach jedem Hochwasser verändern, charakterisieren den Fluss.

Das, je nach Sonnenstand, silbergrün leuchtende Band der Isar ist wie ein Leitfaden, der sich durch das landwirtschaftlich geprägte Tal zieht. Ein Merkmal sind auch die vielen kleinen Dörfer mit den geraniengeschmückten Bauernhöfen, einige davon sichtlich alt und unter Denkmalschutz stehend. Ein weiteres Wahrzeichen sind die grünen Hügel links und rechts des Flusses, die sich langsam zu den Vorbergen erheben. Auf ihnen finden wir viele Almen, die immer noch landwirtschaftlich genutzt werden und uns Wanderern willkommene Ziele bieten.

Wer sich den Isarwinkel genau anschaut, entdeckt auch zwischen Lenggries und Bad Tölz viele einzelne Bauernhöfe. Sie stehen in gleichem Abstand links und rechts des Flusses auf einer Geländestufe. Die zugehörigen Felder erstrecken sich alle in Ost-West-Richtung und werden durch Bäume oder Büsche sauber voneinander getrennt. Das lässt auf eine planmäßige und überdies sehr bedachte Besiedelung schließen. Die Büsche und Bäume halten den kalten Bergwind ab und schaffen ein günstiges Mikroklima.

Als Zentrum des Isarwinkels gilt die kleine Stadt Bad Tölz. Sie bietet für Wohnmobilisten einen idealen Stellplatz an, um den Ort und den Isarwinkel kennenzulernen.

SPAZIERGANG DURCH BAD TÖLZ

Die Altstadt ist vom Stellplatz aus bequem zu Fuß zu erreichen. Auf dem Fußweg zwischen Stellplatz und Isar sind wir in knapp zehn Minuten an der Isarbrücke. Hier lädt uns auf der Ostseite der Isar als erstes die Marktstraße ein, ihre prächtigen mit Lüftlmalereien geschmückten Hausfassaden zu bewundern. Etwas abseits steht die Pfarrkirche Mariä Himmelfahrt. Sie stammt vom Ende des 15. Jahrhunderts und gilt als das älteste noch erhaltene Bauwerk des Isarwinkels. Der Khanturm am oberen Ende der Marktstraße wurde vor gut 50 Jahren abgerissen, um besseren Verkehrsfluss zu ermöglichen. Der Neubau besitzt jetzt eine breite Durchfahrt.

Nur fünf Gehminuten weiter steht die barocke Mühlfeldkirche mit ihren Fresken von Matthäus Günther und dem Turm, dessen doppelte Zwiebel die Kirche so unverkennbar macht. Von der Marktstraße aus führen uns Schilder zu einer kleinen Wanderung auf den Kalvarienberg. Von dort ist die Aussicht auf Bad Tölz und in den Isarwinkel einmalig. Die kleine Leonhardskirche neben der Kalvarienbergkirche ist das Ziel der berühmten Leonhardifahrt, die jährlich Anfang November gut 25 000 Besucher anlockt. Zurück an der Isarbrücke können wir noch durch das Bäderviertel schlendern. Der Entwurf des Kurhauses stammt von Gabriel von Seidl, die 110 Meter lange Wandelhalle von Heinz Moll. Sie dient heute nach dem Ende des Kurbetriebes Künstlern als Ausstellungsraum.

 HUNGER UND DURST braucht in Bad Tölz niemand leiden. Die Auswahl ist riesengroß. Wir gehen gerne in den Kolberbräu (www.kolberbraeu.de) in der Marktstraße oder zum Binderbräu (www.toelzer-binderbraeu.de) in der Ludwigsstraße im Bäderviertel, der seinem Namen Ehre macht und wirklich sein eigenes Bier braut.

DEN ISARWINKEL ERWANDERN

Direkt vom Stellplatz aus bietet sich eine Talwanderung von Bad Tölz nach Lenggries an. Der Weg ist eine Fortsetzung unseres Weges zur Isarbrücke und führt herrlich flach und sehr sonnig durch die Auenlandschaft westlich der Isar. Wir wandern dabei mehr oder weniger dicht am Isarufer entlang. Gerade im Sommer verströmen die Isarauen mit ihrem niedrigen Wacholder- und Kiefernbewuchs einen würzigen Duft, der an einen Sommertag im Süden erinnert. Auf unserer Strecke erreichen wir ziemlich genau zur Halbzeit Arzbach. Hier weist ein Schild auf den Kramerwirt hin. Ganz neu renoviert ist er ideal für eine Mittagspause (www.kramerwirt-arzbach. de). Kommt man zur Kaffeezeit hierher, so wäre das Café Schusterpeter (www.cafe-schusterpeter.de) ein ideales Ziel.

Kurz vor der Mündung des Arzbaches wechseln wir auf die andere Seite der Isar und jetzt geht es weiter durch die Flussauen zur Isarbrücke von Lenggries. Ursprünglich war Lenggries das kirchliche und wirtschaftliche Zentrum des Isarwinkels. Hier steht die prächtig ausgestattete Dorfkir-

▲ Am Zwiesel ▼ Das Naturjuwel Kirchsee
Sommerrodelbahn am Blomberg   ▶

che St. Jakob. Ihr Patrozinium weit darauf hin, dass hier der Jakobsweg
vorbeiführte. Bis heute hat sich der Ort einen idyllischen Dorfcharakter
bewahren können, auch wenn mittlerweile der Fremdenverkehr eingezo-
gen ist. Ein Spaziergang durch die Gassen lohnt sich immer. Die Rückfahrt
erfolgt dann mit dem Bus oder der Oberlandbahn BOB ab Lenggries
(leicht, 3 Std., 0 Hm, 10 km).

FREIZEITSPASS AM BLOMBERG

Der Blomberg ist ein eher unscheinbarer Vorberg, der jedoch bequemer-
weise mit einer Seilbahn erschlossen ist. Die Talstation der Bahn steht
direkt an der B 472 von Bad Tölz nach Bad Heilbrunn. Der Berg punktet
mit einigen ungewöhnlichen Highlights. Von der Bergstation der Seilbahn
erreicht man relativ rasch drei Gipfel, den Blomberg, den Zwiesel und den
Heiglkopf. Sie bieten zusammen einen traumhaften Rundblick von 360 Grad.
Perfekt für Wanderer geeignet. Für Familien und Action-Liebhaber gibt
es obendrein viel Freizeitspaß. Gleich zwei Sommerrodelbahnen laden
zu einer rasanten Abfahrt ein. Außerdem wartet ein Bergkletterwald auf
mutige Kraxler. Er findet sich in der Nähe des Blomberghauses, in dem
man auch gut einkehren kann. Die Talstation des Blombergs kann man
entweder mit dem Bus oder zu Fuß über die Königsdorfer Straße, dann
links in die Wilhelm-Dusch-Straße, die zur Benediktbeurer Straße wird, und
dann rechts entlang der Bundestraße erreichen (45 Minuten).

▲ Die Berge des Isartals ◄ Bad Tölz ist durch die Isar geprägt. ►
Viele malerische Winkel lassen sich in der Altstadt entdecken.

BADESPASS UNTER DEM NONNENKLOSTER

Mit dem Fahrrad radeln wir vom Stellplatz zur Isarbrücke, überqueren den Fluss und schieben die Marktstraße aufwärts. Nach dem Winzerer-Denkmal ist das Radfahren wieder erlaubt. An der Mühlfeldkirche vorbei kommen wir zur Bahnhofstraße und zum Bahnhof. Hier beginnt die Eichmühlstraße, die zum großen Freibad führt. Jetzt radeln wir am Ellbach entlang weiter stadtauswärts. Die Straße wird zu einem Feldweg und wir kommen zum ersten kleinen Anstieg. Vor den Häusern von Obermühlberg biegen wir nach links und radeln an den Fischbecken vorbei nun mitten durch das landschaftlich reizvolle Ellbachmoor.

In Ellbach mühen wir uns erneut bergauf zur Hauptstraße, der Tölzer Straße, in die wir rechts einbiegen. Fast am Ortsende halten wir uns an der Weggabelung rechts in die Reutbergstraße, die immer geradeaus zu einem Wiesen- und Waldweg wird. Im Wald gabelt er sich. Wir bleiben links und erreichen am Weiler Kirchseemoor die Autostraße. Nach rechts teilen wir nun für ca. 2 Kilometer unsere Strecke mit den Autos durch den Wald. Wir verlassen den Wald, passieren links einen Parkplatz und biegen kurz darauf links in den Fußweg mit der Beschilderung »Am Neuweiher« zum Kirchsee ein. Der Weg endet an einer T-Kreuzung. Jetzt rechts und gleich nach dem Mühlweiher links erreichen wir das Kloster Reutberg mit seinem Bräustüberl (www.klosterbraeustueberl.de), bei dem wir einen wohlverdienten Stopp einlegen.

Danach radeln wir über den Parkplatz und biegen an der Teerstraße nach links. An der nächsten Weggabelung halten wir uns noch einmal links und schon fahren wir direkt auf den Kirchsee zu. Viele Uferbereiche stehen unter Naturschutz, aber wir erreichen auch jede Menge ausgewiesene Badestellen. Zunächst immer in Ufernähe haltend, verlassen wir am Südende den See und radeln stets auf dem Hauptweg bleibend durch das Kirchseemoor und durch den Wald. Der Weg mündet an einer Asphaltstraße, auf ihr geht es nach links und wir passieren den Kogler Weiher (Bademöglichkeit).

Gleich danach durchqueren wir den Weiler Abrain. An der nächsten Kreuzung gehjt es rechts und schon sind wir in Kirchbichl. An der T-Kreuzung radeln wir nach links, biegen jedoch gleich nach 130 Metern rechts in den kleineren Weg und folgen dem Schild »Bad Tölz/Reut«. Kurz vor dem Weiler Reut, wo die Wiese beginnt, biegen wir links in den geschotterten Waldweg ein. Wir fahren nun dem Schild »Ellbach« nach. In Ellbach radeln wir zunächst durch ein Neubaugebiet, biegen dann an der Querstraße nach rechts und passieren die Gaststätte Schützenhaus. Wir halten uns links und biegen ca. 500 Meter nach dem Schützenhaus rechts in den kleineren Feldweg ein, einem Radweg mit der Beschilderung »Bad Tölz«. Es geht bergab, aber bitte nicht zu schnell, denn gleich müssen wir links, wieder bergauf den Beschilderungen »Röckl-Kapelle« und »Freibad Eichmühle« folgen. Von der Röcklkapelle haben wir eine herrliche Aussicht über das Tölzer Land und die Münchner Vorberge. Anschließend stoßen wir erneut auf eine Querstraße, auf der wir 150 Meter rechts zum nächsten Fahrweg auf der linken Seite radeln. Jetzt geht es nur noch bergab, unten über den Ellbach und schon sind wir zurück am Freibad und kennen ab hier den Rückweg durch Tölz.

▲ Vom Stellplatz blicken wir auf die Altstadt von Bad Tölz.
▼ Fronleichnamsprozession in der Marktstraße von Bad Tölz

Das Heimatmuseum von Bad Tölz dokumentiert eine ungewöhnliche Volkskunst, die im Ort und im Isarwinkel entstanden ist. Die Flößer haben von ihren Fahrten in den Osten weit über Wien hinaus neue Ideen zur Gestaltung von Möbeln mitgebracht, die dann zum Beispiel in den bemalten Schränken, den Tölzer Kästen, verwirklicht wurden (www.bad-toelz.de).

Es gibt ein Wochenende und einen Tag im Jahr, da lohnt sich die Fahrt nach Bad Tölz besonders. Immer am Pfingstwochenende finden rund um die Franziskanerkirche die beliebten Rosentage statt (www.rosentage.de): ein großer Pflanzengarten- und Kunstmarkt, der viele Besucher anlockt. Sehr groß ist auch der Andrang am 5. November zur traditionellen Leonhardifahrt: ein besonderer Tag im bayerischen Brauchtumsjahr, auf den schon Wochen vorher hingearbeitet wird.

AUF EINEN BLICK

STADT/REGION: Bad Tölz
BESTE REISEZEIT: April bis November
OPTIMALE REISEDAUER: 2 bis 3 Tage
TOURISTINFORMATION: Touristinfo Bad Tölz,
Max-Höfler-Platz 1, 83646 Bad Tölz, Tel. 08041/786 70,
www.bad-toelz.de

REISEMOBILSTELLPLATZ BAD TÖLZ

ADRESSE: Königsdorfer Straße 67, 83646 Bad Tölz
ANFAHRT: Auf der Garmischer Autobahn A 95 Ausfahrt Sindelsdorf,
über Bad Heilbrunn nach Bad Tölz. Der Stellplatz ist ausgewiesen.
Er liegt unmittelbar an der Isar.
GPS: 47.763144, 11.550089

Der Platz liegt in der Königsdorfer Straße direkt am Ufer der Isar, die an dieser Stelle einen flachen Linksbogen macht. Nur durch einen Rad- und Fußweg von der Isar getrennt, nächtigt man dort direkt an den Kiesbänken. Das verspricht vor allem im Sommer eine ideale Abkühlung nach langer Fahrt. Aber Achtung, das ist kein überwachter Badeplatz. Jeder muss selbst entscheiden, ob er sich das Schwimmen im Fluss zutraut.

Es handelt sich um einen reinen Stellplatz, bei dem Entsorgung und Versorgung mit Frischwasser und Toilette vorhanden sind. Es gibt aber keinen Strom. Einkaufsmöglichkeiten sowie Restaurants liegen in Fußnähe. Achtung: Bei Hochwasser wird der Platz aufgrund seiner Nähe zur Isar gesperrt.

Der Wohnmobilstellplatz
in Bad Tölz

SCHLIERSEE

Glücksgefühle in den bayerischen Bergen

▲ Der Tag am Schliersee neigt sich zum Ende.
◄ Oberbayerns schönste Flecken ► Geranienpracht am Schliersee

Knapp 80 Quadratkilometer ist der Schliersee groß. Das sind 80 Quadratkilometer Glücksgefühl vom Feinsten. Der von sanften Berggipfeln umgebene Schliersee ist im Gegensatz zum benachbarten Tegernsee einfach viel malerischer und idyllischer. Dort können wir auch gerne mehr als nur ein Wochenende verbringen.

Der Schliersee wird oft als der kleine Bruder des Tegernsees bezeichnet. Wasser und Berge prägen die Landschaft. Sie gehören hier zusammen und machen die Gegend zu einem wahren Wanderparadies. So endet jede der Berg- oder Wandertouren am oder sogar im Wasser, schöner geht es kaum. Dabei liegen nur zwei Orte am Ufer des Schliersees. Schliersee selbst und Neuhaus an seinem Südufer. Entlang der Ostseite verläuft die B 307, die Deutsche Alpenstraße, die dann weiter nach Bayrischzell führt. Am Westufer hingegen verläuft die Bayerische Oberlandbahn, aber ansonsten sind die Wege dort für den Autoverkehr gesperrt. Es dürfen nur landwirtschaftliche Fahrzeuge fahren. Das verspricht besten Rad- und Wandergenuss.

ORT UND SEE

Der kleine Ort heißt wie der See selbst, eben Schliersee, was schon öfters für Verwirrung sorgte. Das Dorf ist nicht groß, dafür sehr malerisch. Es macht Spaß, die Gassen rechts und links der Hauptstraße zu erkunden. Dort finden wir noch jede Menge stattliche Bauernhöfe, deren Balkone sich im Sommer vom Gewicht der Geranien biegen. Einige Höfe sind hübsch mit Lüftlmalereien verziert. Es gibt eine breite Uferpromenade am Kurpark, an der auch das Schwimmbad Mare e Monte liegt. Bekannt ist der Ort zudem für sein Bauerntheater. Das Schlierseer Bauerntheater war das erste bayerische Bauerntheater dieser Art und wurde 1892 gegründet. Mehrmals im Jahr stehen vor allem bayerische Theaterstücke auf dem Spielplan, wobei es gar nicht so einfach ist, ein Ticket zu ergattern (www.schliersser-bauerntheater.de).

Auf keinen Fall versäumen sollte man den kurzen Aufstieg hinauf zur Kapelle St. Georg auf den Weinberg. Wie der Name vermuten lässt, wurde hier auf dem Weinberg wirklich einmal Wein angebaut. Im Mittelalter war das Klima in unserer Region nämlich deutlich milder. Die wenigen Höhenmeter lohnen sich nicht nur wegen des gotischen Gotteshauses. Auch die Aussicht über den Ort und auf den Schliersee sind einmalig schön. Wer sich für etwas Kunst interessiert, wirft dann gleich noch einen Blick in die **Kirche St. Sixtus** in der Ortsmitte. Ihr Innenraum ist mit barocken Fresken von Johann Baptist Zimmermann ausgeschmückt. Überdies gibt es ein besonders schönes Gemälde des Münchner Malers der Spätgotik, Jan Pollack, das die Schutzmantelmadonna zeigt.

DIREKT AM SEE SITZT MAN IM BIERGARTEN des Seehotels Schlierseer Hof (www.schlierseerhof.de), am Ortsausgang Richtung Neuhaus, oder für Kaffee und Kuchen und andere Kleinigkeiten im Café Michlhäusl am Ende des Kurparks (www.milchhaeusl-schliersee.de).

AM KURPARK unterhalb des Mare e Monte gibt es einen Ruder- und Tretbootverleih. Eine tolle Möglichkeit, den See aus einer anderen Perspektive zu genießen.

![Schliersee bei Fischhausen]

Schliersee bei Fischhausen

Im Markus-Wasmeier-Bauernhofmuseum

AUF DEN SCHLIERSBERG

Egal ob vom Stellplatz aus oder vom Campingplatz, am Schliersee brauchen wir keine eigene Motorisierung. Für eine Wanderung hinauf auf den Schliersberg starten wir in der Ortsmitte, was für die Campingplatzbesucher 20 Minuten zusätzlichen Anmarsch über die Uferpromenade bedeutet. Über dem Dorf thront in fantastischer Aussichtslage die Schliersbergalm (www.schliersbergalm.de). Sie gilt als hervorragendes Bergwanderziel für Familien mit Kindern. Viele »Zuckerl« wie die Sommerrodelbahn oder die tollen Spielmöglichkeiten am Berg ermuntern selbst wandermüde Kinder zum selbstständigen Laufen. Falls es einmal ganz schnell gehen muss, gibt es sogar die Auffahrtshilfe der Seilbahn, die die 300 Höhenmeter für uns bequem bewältigt.

Zu Fuß geht es von der Talstation über den Dekan-Maier-Weg auf einer Almstraße in einigen Kehren aufwärts (leicht, 2 Std., 300 Hm, 5 km). Ab der Talstation brauchen wir eine gute Stunde. Dieser Weg ist sehr sonnig, aber schon wegen der tollen Aussicht jeden einzelnen Schritt wert. Oben angekommen, können wir die verbrauchten Kalorien mit einer leckeren Brotzeit auf der großen Sonnenterasse der Schliersbergalm wieder auffüllen. Für Kinder gibt es einen frei zugänglichen Waldspielplatz und gegen

Herbst am Schliersee

Gebühr **Trampolins oder den Alpenroller**. Wer etwas ganz Verrücktes möchte, kann an einem Sommertag hier oben am Berg auch in einem Panoramapool baden. Auf jeden Fall eine tolle Abkühlung. Der Alpenroller ist übrigens eine Rodelbahn, die fest auf Schienen verankert ist. Ein Elektromotor befördert uns nach der Abfahrt wieder nach oben. Wilder und deutlich länger ist die große **Sommerrodelbahn**. Die führt von der Schliersbergalm in vielen Kurven hinunter zur Talstation. Dafür braucht man mehr Mut und Kinder unter 8 Jahren dürfen nur in Begleitung eines Erwachsenen rodeln. Es macht aber unheimlich viel Spaß, so schnell ins Tal zu flitzen. Ein tolles actionreiches Erlebnis, das nach Wiederholung schreit!

IM ALMENGLÜCK AUF DER GINDLALM

Wer noch einen weiteren Tag Zeit hat, sollte zur Gindlalm hinaufsteigen. Auch diese **Wanderung** gilt als eine der schönsten der Region, verbindet sie doch tolle Aussichten mit einer urigen Alm. Startplatz dafür ist der **Hennerer Hof,** ein Bauernhofcafé, das am Ende der Breitenbachstraße, die dann zur Hennererstraße wird, liegt.

Die Camper aus der Ortsmitte marschieren zur Kirche St. Martin und biegen dort in die von Bauernanwesen gesäumte Breitenbachstraße ein. Alle, die vom Campingplatz aus starten, wandern nur ein Stück auf der Westerbergstraße, der Zufahrtsstraße zurück, und biegen dann links über die Brücke des Breitenbachs in den Tegernseer Weg. Er bringt uns ebenfalls zur Breitenbachstraße, der wir dann nach links zum Hennerer Hof folgen. Dort halten wir uns rechts und orientieren uns an der Beschilderung »**Maximillansweg** E4/Gindlalm«. 150 Meter später biegt unser Wanderweg links in den Wald hinein und führt uns nun aufwärts. Die schattigen Bäume sorgen dafür, dass wir nicht zu sehr ins Schwitzen kommen. Wir bleiben immer auf dem Hauptweg und treten erst kurz vor der Gindlalm aus dem Wald. Direkt vor uns liegen die drei kleinen Almen und über der Wiese sehen wir das Gipfelkreuz auf der Gindlalmschneid (1334 Meter). Keine 15 Minuten später haben wir es erreicht. Jetzt schauen wir auf den Tegernsee und auf den Schliersee aus der Vogelperspektive. Trotz der geringen Höhe ist die Aussicht einmalig.

Zurück wandern wir zunächst wieder zu den Almen, wo wir natürlich einkehren können. Entweder steigen wir dann auf gleichem Weg zurück oder vollenden die Tour mit einer Runde über die Huberspitzalm. Dafür folgen wir an der Gindlalm Nr. 1 links dem Wanderweg leicht bergauf, der mit »Über Huberspitz zum Schliersee« ausgeschildert ist. Von der Alm führt dann der Jägersteig rechts als schmaler Pfad über die Wiese und schließlich steil bergab nach Schliersee zurück (mittel, 3,5 Std., 550 Hm, 12,5 km).

DER SCHLIERSEE ERWÄRMT SICH in den Sommermonaten für einen Bergsee erstaunlich schnell. So steht einem ausgedehnten Badeaufenthalt nichts im Weg. Wer auf dem Campingplatz sein Quartier aufgeschlagen hat, darf sich über den direkten Zugang zum Wasser freuen. Alle anderen finden rund um den See genügend Badplätze, wobei das Schlierseer Strandbad wirklich zu empfehlen ist. Kinder freuen sich über die Wasserspielmöglichkeiten mit viel Action. Es gibt aber auch eine sehr chillige Uferlounge und einen tollen Gastronomiebereich, für den auch sehr viele Einheimische mal schnell nach der Arbeit kommen.

ALTBAYERISCHES BAUERNHOFMUSEUM

Das Markus-Wasmeier-Bauernhofmuseum liegt im Ortsteil Fischhausen am südlichen Ende des Schliersees und ist ganz einfach mit der BOB, der Bayerischen Oberlandbahn, ab Schliersee zu erreichen. Gerade mal eine Station fährt man mit dem Zug. Wobei sich die Strecke auch sehr gut zu Fuß, mit dem Schiff oder mit dem Fahrrad zurücklegen lässt. Vielleicht sogar in Verbindung mit einer kurzen Radtour rund um den See?

◀ Beliebte Mitbringsel: Slyrs-Whiskey … ▶ … und Essendorfer Aufstriche

Das Freilichtmuseum wurde vom zweifachen Olympiasieger Markus Was-meier mit viel Herzblut errichtet. Der gelernte Maler und Restaurateur rekonstruierte ein komplettes altbayerisches Dorf. Wie bei einer Zeit-reise katapultieren wir uns um 300 Jahre zurück. Wir wandeln zwischen alten Bauerhäusern und liebevoll angelegten Gärten. Es gibt jede Menge Tiere, vor allem seltene und vom Aussterben **bedrohte Haustierrassen**. Wöchentliche Programmpunkte und viele Veranstaltungen im Laufe des Jahres wie Filzen, Schnapsbrennen, Korbflechten, Schöpfbierbrauen, Handwerkertage oder Musiktage sorgen für Abwechslung und bringen Leben in das Dorf (www.wasmeier.de).

FALLS NACH DEM BESUCH des Markus-Wasmeier-Museums noch Zeit ist, besuchen wir die Slyrs Brennerei für Bavarian Single Malt Whisky. Dabei mutet »Slyrs« fast Schottisch an, wird aber »Schliers« ausgesprochen. Das Unikat unter den bayeri-schen Edelbrennereien verwandelt in Neuhaus reine Gerste zu Whisky. Unter dem Motto »Erleben und Genießen« können wir auf eigene Faust die Destillerie besichtigen oder eine Führung buchen. Beides beinhaltet natürlich eine Verkostung. Es gibt ein hübsches Café mit Wendelsteinblick und natürlich dürfen wir im angeschlossenen Laden nach Herzenslust Hochprozentiges shoppen (www.slyrs.com).

ÜBRIGENS LIEGT GENAU gegenüber der Slyrs-Destillerie ein weitere Genuss-Manufaktur: Beim Essendorfer können wir her-vorragende Aufstriche erwerben. So lecker und vielfältig, dass sie gleich ganze Geschichten erzählen (www.essendorfers.de).

AUF EINEN BLICK

STADT/REGION: Schliersee
BESTE REISEZEIT: April bis Oktober
OPTIMALE REISEDAUER: 2 bis 3 Tage
TOURISTINFORMATION: Touristinfo Schliersee,
Perfallstraße 4, 83727 Schliersee,
Tel. 08026/606 50, www.schliersee.de

STELLPLATZ SCHLIERSEE

ADRESSE: Schönauer Straße, 83727 Schliersee,
ANFAHRT: Salzburger Autobahn A 8 Ausfahrt Weyarn. Über
Miesbach nach Schliersee. Zum Stellplatz auf der Hauptstraße
nach dem Edeka links in die Leitnerstraße, nach ca. 50 Metern
links in die Schönauerstraße.
GPS: 47.736701, 11.862100

Einfacher Stellplatz ohne Entsorgung. Ruhig, aber dennoch sehr zentral
mitten im Ort gelegen. Ganzjährig zugänglich und kostenlos.

CAMPINGPLATZ LIDO

ADRESSE: Westerbergstraße 27, 83727 Schliersee,
Tel. 08026/66 24, www.camping-lido.de
ANFAHRT: Salzburger Autobahn A 8 Ausfahrt Weyarn. Über
Miesbach nach Schliersee. Vor der Martinskirche rechts in die
Breitenbachstraße, dann links auf der Westerbergstraße zum
Campingplatz.
GPS: 47.728043, 11.850179

Der Campingplatz liegt direkt am Ufer des Schliersees. Ein Traum im
Sommer, mit perfekter Möglichkeit zum Baden. Die Bahn, die am Platz
vorbeifährt, stört kaum, denn nachts fährt sie nicht. Am Platz selbst
gibt es einen Kiosk mit Einkaufsmöglichkeit und ein kleines Restaurant.
Weitere Einkaufsmöglichkeiten und viele Restaurants liegen einen
kleinen Fußmarsch entfernt in Schliersee.

SPITZINGSEE

Mitten im Gebirge

Die Wildfeldalm im Rotwandgebiet

Umgeben von hohen Bergen leuchtet der Spitzingsee wie ein Juwel mit seiner intensiven dunkelblaugrünen Farbe. Die Sonne glitzert über dem Wasser und eigentlich müssten wir uns gar nicht vom Wohnmobil fortbewegen, um dieses Schauspiel zu erleben, denn der Stellplatz liegt direkt am Seeufer.

Der Spitzingsee gehört mit seinen Bergen zu den Top-Ausflugszielen im Münchner Umland. Der 28 Hektar große See mit immerhin gut 16 Metern Tiefe zeigt sich oft spiegelblank. Kein Wunder, denn die Berge um ihn herum halten den Wind ab, der die Oberfläche aufrühren könnte. An manchen Tagen spiegeln sich die Spitzingseeberge eins zu eins im See und erzeugen eine wunderbare Stimmung, wie man sie sonst nicht so leicht findet. Ansonsten ist der Spitzingsee vor allem bei Wanderern beliebt, egal zu welcher Jahreszeit.

Kunst und Kultur sucht man hier allerdings vergebens. Für Naturliebhaber bietet der See hingegen eine ganze Bandbreite an Wandertouren von ganz einfachen Spaziergängen wie einer Seeumrundung bis hin zu tagesfüllenden Bergtouren.

ZUR ALBERT-LINK-HÜTTE

Diese Tour gilt als perfekte Einsteigertour für ein gelungenes Wochenende, denn wir müssen uns nicht besonders anstrengen. Dabei lernen wir die Gegend trotzdem intensiv kennen, erleben erste Berggefühle und können obendrein in einer Berghütte einkehren, die uns gemäß dem Motto »So schmecken die Berge« verwöhnt.

Um sie zu besuchen, steigen wir vom Stellplatz zum Uferweg hinunter und folgen diesem einfach nach links. An seinem Südufer passieren wir noch den Ruder- und Tretbootverleih und biegen dann links in den Roßkopfweg ein. Die Albert-Link-Hütte ist ausgeschildert. Nun geht es zunächst leicht ansteigend aus dem Wald heraus. Dann flanieren wir mit schönster Aussicht in einem weiten Bogen entlang einer großen grünen Almwiese. Wir sind nun auf der ehemaligen Trasse der Bockerlbahn unterwegs. Informationstafeln erklären den technischen Aufwand, der einst nach einem großen Windbruch für den Holzabtransport betrieben werden musste. Schließlich zweigt links ein Almweg zur Albert-Link-Hütte ab.

Die Hütte gehört dem Münchner Alpenverein und ist ein Aushängeschild unter den Berghütten. Das Pächterpaar setzt auf eine naturbewusste Verarbeitung heimischer Produkte. Alles kommt ganz frisch auf den Tisch und die Knödel sind noch handgedreht und nicht aus dem Fertigbeutel. Auch wird auf der Albert-Link-Hütte Brot gebacken: in einem knisternden Holzofen, der zur großen Freude der Gäste direkt auf der Terrasse steht. Neben dem beliebten Brot räuchert der Hüttenwirt zudem Speck und Salami selber. Und dann gibt es direkt vor der Terrasse auch noch einen herrlichen Abenteuerspielplatz, der Kinderaugen zum Leuchten bringt. So kann die ganze Familie – jeder auf seine Weise – den Aufenthalt auf der Hütte genießen.

Für den Rückweg geht es ab der Hütte in ursprünglicher Wanderrichtung bis zur der für den öffentlichen Verkehr gesperrten Teerstraße. Wenn wir dieser nach links folgen, kommen wir an den Spitzingsee zurück (mittel, 3 Std., 350 Hm, 7 km).

AUF DIE ROTWAND

Einer der bekanntesten Münchner Hausberge ist die Rotwand. Landschaftlich hält diese Bergtour wirklich ein paar wunderbare »Zuckerl« bereit. Neben den dramatischen Rotwänden selbst und der grandiosen Aussicht am Gipfel liegen ein paar Kletterfelsen am Weg, die sich aber auch umgehen lassen. Nicht zu Letzt gibt es die tolle Einkehrmöglichkeit im Rotwandhaus.

Für die technisch zwar einfache, aber etwas längere und anstrengendere Bergtour können wir direkt vom Stellplatz aus aufbrechen. Um uns den langen Aufstieg etwas zu verkürzen, benutzen wir am besten die Taubensteinbahn und schweben mit ihrer Hilfe völlig entspannt 500 Höhenmeter hinauf. Gleich hinter der Bergstation liegt der Taubensteingipfel, den wir mit einer kleinen Kraxeleinlage erklimmen können. Das macht Spaß und ist spannend. Danach folgen wir der Beschilderung zur Rotwand über einen Bergpfad, der mäßig ansteigend in südlicher Richtung führt. An einem Sattel haben wir es dann geschafft, das Rotwandhaus liegt in Sichtweite. Nun wandern wir nur noch unterhalb der spektakulären Rotwände zum Gipfelpfad und auf ihm bergauf zum Gipfelkreuz. Eine wunderbare Landschaft begleitet uns und lässt an Dramatik nicht zu wünschen übrig. Die

◄ Zur Albert-Link-Hütte ist es fast nur ein Spaziergang.
► Winzige Kraxeleinlage auf dem Weg zum Taubensteingipfel

Sicht reicht weit hinein in die Zillertaler Alpen und rundum grüßt alles, was am Spitzingsee Rang und Namen hat.

Danach geht hinab zum Rotwandhaus, wo wir uns eine Einkehr wirklich verdient haben. Für den eigentlichen Abstieg folgen wir von dort der kleinen Almstraße, die uns in vielen Kehren um den Schwarzenberg zum Spitzingsee führt. Entlang des Seeuferweges kommen wir so zum Ausgangspunkt zurück (mittel, 4 Std., 350 Hm aufwärts, 900 Hm abwärts, 11 km).

MIT MOUNTAINCARTS VOM STÜMPFLING

Wer mit Kindern unterwegs ist, die sich etwas mehr Action statt wandern wünschen, ist am Stümpfling richtig. In Fußweite zu unserem Stellplatz liegt am Südufer des Spitzingsees die Talstation der Stümpflingbahn. Mit ihrer Hilfe kommen wir nicht einmal ins Schwitzen. Sie bringt uns hinauf zur Jagahüttn. Nur wenige Schritte entfernt davon liegt der Stümpflinggipfel. Hier auf der Westseite des Sees präsentieren sich die Berge wieder in einem völlig anderen Licht und wir dürfen die Aussicht genießen. Wer unbedingt wandern möchte kann z. B. über die Untere Firstalm absteigen. Viel lustiger und mit einem deutlichen Adrenalinkick garniert ist die Abfahrt vom Stümpfling mit dreirädrigen Mountaincarts. Für die rund 3,5 Kilometer lange Abfahrtsstrecke können wir uns die Gokarts direkt an der Bergstation ausleihen. Ein herrlicher Downhill-Spaß (www.alpen-bahnen-spitzingsee.de)!

▲ Der Schliersee ist von Bergen umringt.
◄ Holzmännchen an der Albert-Link-Hütte ▶ Habichtskraut

 **DER SPITZINGSEE** ist für einen längeren Badeaufenthalt wirklich nur für hartgesottene Schwimmer geeignet. Trotzdem gibt es einige schöne Liegeplätze, die alle etwas südlich unseres Stellplatzes liegen. Für einen schnellen Sprung ins Wasser, gerade zur Abkühlung an heißen Sommertagen, erweist sich der Bergsee als ideal. Wer Lust hat, kann sich am Südufer auch Ruder- und Tretboote ausleihen.

Wer es kuscheliger möchte, kann – sofern Kapazitäten frei sind – auch gerne die Wellness-Oase im Arabella Alpenhotel besuchen. Der herrlich großzügige Spa-Bereich steht auch Tagesgästen offen. Auf 700 Quadratmetern erwarten uns Pool, Soletherme, Whirlpool, Dampfbad, Finnische Sauna, Bergblüten- und Bergbauern-Sauna und das Ganze mit freiem Blick auf See und Berge (www.arabella-alpenhotel.com, Tel. 08026/798).

AUF EINEN BLICK

STADT/REGION: Spitzingsee
BESTE REISEZEIT: Ganzjährig, sofern das Wohnmobil wintertauglich ist
OPTIMALE REISEDAUER: 2 bis 3 Tage
TOURISTINFORMATION: Touristinfo Schliersee, Perfallstraße 4, 83727 Schliersee, Tel. 08026/606 50, www.schliersee.de

REISEMOBILSTELLPLATZ SPITZINGSEE

ADRESSE: Spitzingstraße, 83727 Spitzingsee nahe Taubensteinbahn
ANFAHRT: Salzburger Autobahn A 8 Ausfahrt Weyarn. Über Miesbach und Schliersee weiter Richtung Bayrischzell. Kurz nach dem Ortsende Neuhaus rechts hinauf zum Spitzingsee. Der Stellplatz ist ausgewiesen und liegt vor dem Tunnel auf der rechten Straßenseite am Parkplatz der Taubensteinbahn.
GPS: 47.665383, 11.880007

Herrlicher Stellplatz, etwas erhöht, aber direkt am Seeufer gelegen. Tolle Aussicht auf die umliegenden Berge. Entsorgung für Toilette und Grauwasser vorhanden. Kein Strom und keine sanitären Anlagen. Achtung: Vor allem an Wochenenden wird in der gegenüberliegenden Disko lange gefeiert. Da ist es leider nicht ruhig. Also entweder mitfeiern oder Ohrenstöpsel mitbringen. Einkaufsmöglichkeiten nur im Tal in Neuhaus und Schliersee, Restaurants in Fußnähe.

Die Aussicht von unserem Reisemobilstellplatz ist unbezahlbar.

BAYRISCHZELL

Unter dem Gipfel des Wendelsteins

Aufstieg zum Bergcafé Siglhof

Fast am Ende des Leitzachtales liegt Bayrischzell unter dem Gipfel des Wendelsteins. Einst eine unwirtliche Gegend, wurde Bayrischzell zum belebten, netten Urlaubsort, der allen Annehmlichkeiten des Tourismus gerecht wird. Auch eignet es sich ideal als Ausgangspunkt für einige Wanderungen oder Fahrradtouren.

Vor über 900 Jahren gab es erhebliche Probleme, die einsame Gegend rund um das heutige Bayrischzell zu besiedeln. Gräfin Haziga aus dem Geschlecht der Wittelsbacher wollte ein eigenes Hauskloster besitzen. Das war damals Luxus und überdies ein Statussymbol, das sich so ziemlich alle großen Herrscher leisteten. Eigene Klöster waren praktisch, ersparten sie einem doch das viele Beten und trotzdem war der Platz im Himmelreich gesichert. Noch dazu war einem eine opulente Grabstätte gewiss. Leider gehörte besagte Gräfin nicht zu den Allerreichsten und überdies war sie wohl ziemlich sparsam. Sie stiftete ein Kloster im entlegensten Winkel des Leitzachtales, wo Grund und Boden sowieso nichts wert waren. Hier gab es nur raues Klima, ungerodeten Wald, wenig Sonne – und sonst nichts. In dieser unwirtlichen Gegend wollten die frisch angesiedelten Mönche, die zur Kultivierung des Tales beitragen sollten, nicht bleiben. Nach nicht einmal 10 Jahren warfen sie das Handtuch und gaben auf. Das hätte dem Ruf der werten Gräfin erheblich geschadet, deshalb gab sie schnell einen besseren Grund im vorderen Leitzachtal frei, so konnte sie die Mönche zum Bleiben bewegen. Diese gründeten Fischbachau und versuchten sich von hier als Kolonisten. In **Fischbachau** kann man noch immer klösterliche Bauten besichtigen.

WINTERFREUDEN

Dagegen ist das von Bergen umrahmte Bayrischzell heute auch für einen Winterbesuch geeignet. **Langlaufloipen** ziehen sich durch das Tal, es gibt **Rodelbahnen** und eine Tubing-Bahn, auf der man mit einem aufgeblasenen Reifen die Piste hinunterflitzt. Letzteres sogar bei Nacht unter Flutlicht. Nicht zu vergessen: der perfekte Shuttlebus-Service, der uns völlig stressfrei hinauf ins **Skigebiet** am Sudelfeld bringt. Dort warten sonnige Hänge garniert mit einer imposanten Bergkulisse auf alpine Wintersportfreunde.

Bauernhaus in Bayrischzell mit Geranienpracht

IN FUSSNÄHE DES STELLPLATZES liegt direkt an der Alpenstraße die Sportalm (www.sportalm-bayrischzell.de). Urig sitzt man in der nachgebauten Altholzstube oder im sonnigen Gastgarten. Zum Essen gibt es Flammkuchen und sehr leckere hausgemachte Burger. Im angegliederten Sportgeschäft können wir uns E-Bikes, aber auch eine Skiausrüstung leihen.

ZUM BERGCAFÉ SIGLHOF

Eine schöne Wanderung, die noch dazu wenig anstrengend ist, führt hinauf zum Bergcafé Siglhof, das oberhalb von Bayrischzell auf den Almflächen von Hochkreuth liegt. Satte grüne Wiese, die Berge um den Spitzingsee, Obstbäume und leckere Kuchen – ein Paradies, das sich bestens für einen Nachmittagsausflug eignet.

Wir wandern durch Bayrischzell zum Freibad und halten uns dort links. Nach dem letzten Haus beginnt ein ansteigender Bergpfad, der Richtung Hochkreuth ausgeschildert ist. Nach nicht einmal 5 Minuten besuchen wir links mit einem kurzen Abstecher den Wasserfall und kommen danach wieder auf den Wanderweg zurück.

Dieser steigt weiter an, nähert sich der Sudelfeldstraße und führt dann ein gutes Stück oberhalb des Wasserfalls wieder an das Ufer des Wendelsteinbachs. Hier schuf die Kraft des Wassers ein kleines Felsenbecken: Die Grüne Gumpe ist mit ihrem türkisgrün schillernden Wasser ein herrlicher Rast- und Ruheplatz.

Wir folgen der nun breiten Almstraße bergauf, und die Beschilderung zum **Bergcafé Siglhof** führt uns schließlich nach Hochkreuth, wo wir an einem Wegkreuz die freien Almflächen betreten. Jetzt geht es auf einem schmalen Pfad mitten über blühende Wiesen auf den Siglhof zu, der schon in Sichtweite vor uns liegt. (Bitte unbedingt auf dem Pfad bleiben.) Der Siglhof (www.siglhof.com) ist ein prächtiger Bauernhof, der um die Jahrhundertwende im italienischen Stil erbaut wurde. Heute gibt es neben dem Hof das erfolgreiche und nette Bauernhofcafé. Dort können wir nun in das Kuchenparadies eintreten und noch dazu die schöne Aussicht bewundern.

Nach dem ausgiebigen Genuss der Siglhofschen Backkünste wandern wir auf dem bekannten Hinweg zur Grünen Gumpe zurück. Diesmal halten wir uns dort rechts und folgen dem Bachlauf abwärts. Der Weg wendet sich nach rechts und führt an einigen schönen Aussichtspunkten vorbei und schließlich mit einer scharfen Kehre nach links die letzten Meter hinunter nach Bayrischzell. Hier treffen wir an dem Haus unterhalb des Wasserfalls wieder auf die geteerte Kranzerstraße, der wir zur Dorfmitte folgen. Der Fußweg zurück zum Freibad ist ausgeschildert (leicht, 2 Std., 250 Hm).

Am Wanderweg bei Hochkreuth

DAS ALPENFREIBAD hat von Mitte Mai bis September geöffnet und lockt mit angenehmen 26 Grad Celsius Wassertemperatur. Etwas ganz Besonderes ist das Dorfbad Tannermühl: ein klitzekleines Wellness-Retreat, in dem maximal 12 Personen Platz finden. Es ist in einer 1000 Jahre alten Mühle untergebracht, abgekühlt wird sich im Sommer unter dem Bayrischzeller Wasserfall. Ein wirklich einmaliges Erlebnis. Für Tagesgäste hat das Bad nur jeden ersten Sonntag im Monat geöffnet. Buchung vorab unter www.almbad.de.

MIT DEM RAD DURCHS LEITZACHTAL

Wir starten von unserem Stellplatz aus und radeln am Sportplatz vorbei. 500 Meter später queren wir die Leitzach und fahren auf einem Kiesweg das rechte Ufer entlang. Kurz darauf geht es erneut über eine Brücke ans linke Ufer, jetzt folgen wir immer den Schildern »Kapellentour«. So kommen wir durch den malerischen Ort Geitau und überqueren die B 307. Weiter geht es neben Eisenbahnschienen in den Wald und an der Ausflugs-

Der Stellplatz liegt direkt am Einstieg zur Langlaufloipe ins Leitzachtal.

gaststätte Krugalm vorbei, bis wir in Stauden auf die Vorfahrtsstraße treffen. Hier biegen wir für 150 Meter nach links und gleich wieder rechts in die kleinere Straße ein. Jetzt fahren wir parallel, aber mit einigem Abstand zur Leitzach Richtung Norden an vielen schönen Bauernhöfen vorbei. Unser Weg führt durch abwechslungsreiche Landschaft. Heckenbegrenzte Felder wechseln mit kleinen Wäldchen. Wir bleiben auf der linken Uferseite, Wald und Wiesen wechseln sich ab.

Vorbei an Faistenau trennt sich bald danach hinter einem einzelnen Bauernhof der Weg. Wir biegen rechts ein und radeln über Mittelgschwend, hier nochmal rechts weiter nach Untergschwend. Knapp 300 Meter nach dem letzten Gebäude fahren wir an der Weggabelung rechts und rollen nun hinunter über die Leitzachbrücke. Zu früh gefreut, denn jetzt geht es geradeaus, auf dem Wanderweg, der zur Ötzstraße wird, bergauf bis Elbach. Hinter dem Schmiedwirt mit seinen schönen Lüftlmalereien stoßen wir auf die große Hauptstraße. Auf dieser geht es rechts weiter, über Buchberg, dann auf dem parallel dazu verlaufenden Radweg über Winkl, Marbach nach Fischbachau. Einen Stopp müssen wir jedoch im legendären Café Winklstüberl (www.winklstüeberl.de) einlegen. Die Kuchenstücke sind überdimensioniert und gleichen unseren Kalorienverbrauch schlagartig wieder aus.

Gut gestärkt erreichen wir Fischbachau, wo wir links zur Wallfahrtskirche Birkenstein hinaufradeln (www.maria-birkenstein.de). Nach der Besichtigungspause geht es auf eben dieser Birkenstraße weiter bergauf. Dann folgen wir dem Schild »Waldlehrpfad Hammer – Geitau – Bayrischzell«. Noch einmal steigt der Weg an, wird zu einem Forstweg mit Schranke, wo wir uns an der nächsten Weggabelung rechts halten. Jetzt geht es durch den Wald über Serpentinen abwärts. Wir überqueren einen kleinen Bach und folgen nun wieder stur den Schildern »Kapellentour«. Parallel zu den Gleisen radeln wir durch einen Weiler mit dem einfallslosen Namen »Dorf« und halten uns vor der Bahnüberquerung links auf dem schmäleren Weg unter der Wendelstein-Seilbahn hindurch. Am Bahnhof von Osterhofen können wir unsere Beine in der Kneippanlage erfrischen. Weiter folgen wir unserer Kapellentour und überqueren dabei die B 307 geradeaus. Bald treffen wir wieder auf die Leitzach, diesmal geht es links zurück bis zum Startplatz (mittel, 3 Std., 33 km, 300 Hm).

Bayrischzell vom Reisemobilstellplatz aus

DIE WALLFAHRTSKIRCHE BIRKENSTEIN wurde über zwei Geschosse nach dem Vorbild der Casa Santa von Loreto angelegt. Im oberen Stock befindet sich das Gnadenbild, der Raum ist ganz im Stil des Rokokos, der das Barock nochmals gesteigert hat, ausgestattet. Wie in einem Theaterstück umflattern nicht weniger als 92 Engel und Putten das Gnadenbild Marias mit dem Jesuskind. Die Wände sind schier zugekleistert mit einer unglaublichen Vielzahl an Votivbildern. Alle haben eines gemeinsam: Sie erzählen von der wundersamen Erhörung ihrer Gebete durch die Muttergottes von Birkenstein. Bis heute ist das unter den Bäumen versteckte Gotteshaus Ziel zahlreicher Wallfahrer.

Tipp

Wer sich selbst so richtig verwöhnen lassen möchte, besucht am Sonntag die Sonntagswirtschaft am Hasenöhrlhof im nahen Geitau. Sie liegt mehr oder weniger direkt auf dem Heimweg. Aber am besten vorab reservieren, denn es ist gar nicht so leicht, einen Platz zu bekommen. Die Wirtschaft hat nur sonntags geöffnet und bietet Frühstück, Mittagessen und Brotzeiten an. Das Ambiente des historischen Bauernhauses ist einmalig schön (www.hasenoehrl.de).

AUF EINEN BLICK

STADT/REGION: Bayrischzell
BESTE REISEZEIT: Ganzjährig, sofern das
Wohnmobil wintertauglich ist
OPTIMALE REISEDAUER: 2 bis 3 Tage
TOURISTINFORMATION: Touristinfo Bayrischzell, Kirch-
platz 2, 83735 Bayrischzell, Tel. 08023/648,
www.bayrischzell.de

REISEMOBILSTELLPLATZ BAYRISCHZELL

ADRESSE: Seebergstraße 15, 83735 Bayrischzell am Fuß des See-
bergs, www.bayrischzell.de/camping
ANFAHRT: Salzburger Autobahn A 8, Ausfahrt Weyarn. Über Miesbach am Schliersee vorbei weiter nach Bayrischzell. Der Stellplatz ist
ausgewiesen und liegt rechts der B 307, der Deutschen Alpenstraße,
vor dem Tunnel auf der rechten Straßenseite an den Sportplätzen.
GPS: 47.671815, 12.009937

Trotz der Nähe zur Deutschen
Alpenstraße kann man hier am
Stellplatz ruhig nächtigen. Die
ebene, schattige Fläche liegt in
unmittelbarer Nähe zu Tennis-
und Sportplätzen und einem
Minigolfplatz. Im Winter kann
man vom Stellplatz direkt in die
Loipe einsteigen. Ein Supermarkt
liegt nur wenige Gehminuten
entfernt, ebenfalls die beste
Bäckerei (Bio-Bäcker Butz) von
Bayrischzell. Der Stellplatz bietet
Ver- und Entsorgung und auch

Auch im Sommer ist der Stellplatz angenehm schattig.

Strom. Nur sanitäre Anlagen fehlen direkt vor Ort, zum Duschen kann
man jedoch in die nahe Sportalm gehen. Dafür gibt es gratis den Blick
auf den Wendelstein beim Einschlafen.

CHIEMSEE

Kurzurlaub am »Bayerischen Meer«

▲ Sonnenuntergang bei Chieming ◄ Badefreuden sind inklusive.
▶ Campingfreiheit

Der Chiemsee, der oft als bayerisches Meer bezeichnet wird, liegt in einer der schönsten Landschaften Oberbayerns. Die große Wasserfläche, aus der drei kleine Inseln ragen, ist einfach einmalig und zu jeder Jahreszeit einen Besuch wert. Nicht zu vergessen, die traumhaften Ausblicke über das weite Wasser auf die nahen Chiemgauer Berge!

An den See schmiegen sich Hügel und Moore, romantische Dörfer, lebendige Städte, uralte Klöster und prächtige Kirchen. Und klar, dass der Chiemsee ein idealer Ausgangspunkt für Wassersportaktivitäten, für Radtouren, für Wanderungen und vieles mehr ist. Gerade das Fahrrad eignet sich bestens, um diese landschaftlich reizvolle Ecke Oberbayerns zu erkunden. Als Ausgangsort ist Prien am Westufer des Sees ideal. Hier gibt es gleich zwei Campingplätze, einen davon direkt am Ufer.

Sehr schön ist aber auch das Ostufer bei Chieming mit seinen langen Stränden. Für die Chiemsee-Radrunde oder den Besuch der Chiemseeinseln ist es egal, welchen Startplatz wir wählen. Prien hat den Vorteil, dass es mit seinem Bahnhof besser an das öffentliche Nahverkehrsnetz angeschlossen ist. Das lohnt sich vor allem für all diejenigen, die länger bleiben wollen und zum einen oder anderen Ausflug in die Umgebung starten möchten.

Beide Campingplätze am Ost- und Westufer liefern beste Schwimm- und Badebedingungen. Wenn es einmal schon oder noch zu kalt für die Freiluftbadesaison ist, erfreut uns das Erlebnisbad Prienavera neben der Dampfer-Anlegestelle in Prien.

CHIEMSEE-UMRUNDUNG

Wer den Chiemsee genau kennen lernen möchte, sollte den See mit dem Fahrrad umrunden. Nirgends sonst erlebt man ihn so unmittelbar und vielfältig, von den Ausblicken auf die Chiemseeinseln und die Chiemgauer Berge ganz zu schweigen.

Egal von wo aus man startet, der See gibt immer den Weg vor und überdies ist die Runde hervorragend beschildert. Die Rundtour ist gut 60 Kilometer lang. Wem das zu viel ist, der kann jederzeit mit dem Schiff abkürzen. Aber Achtung: Nicht jedes Schiff befördert Räder und es gibt eingeschränkte Abfahrtszeiten. Wir empfehlen, von Prien startend den

See im Uhrzeigersinn zu umrunden. Von Chieming/Grabenstätt aus dann in anderer Richtung. Denn am Südufer des Chiemsees radeln wir etwas in Autobahnnähe. Der schönere Radabschnitt liegt demnach am Nordufer. Das ist nur wichtig, falls man sich während der Radtour doch noch für die Rückfahrt mit dem Schiff entscheidet. So erleben wir sicherlich den schönsten Wegabschnitt.

AUF HALBER STRECKE der Norduferspange liegt direkt am Radweg der kleine Ort Gstadt. Dort gibt es einige sehr nette Lokale, fast direkt am Wasser gelegen. Das Café Inselblick (www.cafe-inselblick.de) wird seinem Namen gerecht: Den Blick über den See auf die Fraueninsel gibt es gratis dazu.

AUF DIE CHIEMSEEINSELN

Einen Tag sollte man sich unbedingt für den Besuch einer der Chiemsee-inseln freihalten. Wobei wir die kleinste der Inseln, die Krautinsel, gar nicht besuchen können. Als Option stehen die beiden großen Chiemseeinseln, die Herreninsel (www.herrenchiemsee.de) und die kleinere Fraueninsel zu Verfügung. Sie sind bequem mit dem Schiff ab Prien (Ortsteil Stock) oder ab Chieming (Bootsanlegestelle), beide in Fußnähe zu unseren Stellplätzen, zu erreichen. Natürlich kann man beide Inseln an einem Tag besichtigen, aber das ist schon fast ein Mammut-Programm.

Die Herreninsel, die größte Insel, wird vor allem wegen ihres bekannten König-Ludwig-Schlosses besucht. Das weltweit berühmte Schloss mit seinem Spiegelsaal ist wohl tausendfach beschrieben. Weniger bekannt, aber dennoch hochinteressant ist das König-Ludwig-Museum im Südflügel des Schlosses, das in zwölf modern eingerichteten Räumen die Lebens-stationen des Märchenkönigs beschreibt. Der Besucherstrom zum Schloss setzte bereits kurz nach dem tragischen Tod des Königs 1886 ein. Das ist der Grund, warum die Innenräume des Schlosses, soweit sie bereits ein-gerichtet waren, so gut erhalten geblieben sind. Diese lassen sich jedoch nur im Rahmen einer Führung besichtigen. Dagegen steht die Parkanlage rund um den prunkvollen Latonabrunnen jedermann offen und ist gratis zugänglich. Neben dem Schloss kann man auch das ehemalige Augus-tinerkloster besichtigen, mit der Pferdekutsche fahren oder einfach nur

◀ Gewitterstimmung am Chiemsee ▶ Schifffahrt über den See

spazierengehen. Und noch ein Tipp: Für das Schloss und alle Museen gibt es am Anlegesteg eine Gesamtkarte.

Die kleinere **Fraueninsel** hat ihren Namen von ihrem **Benediktinerinnenkloster**, dessen dicker Zwiebelturm der Insel ihr einmaliges Gesicht gibt. Dieser Turm erzählt uns viel von der Geschichte des Klosters. Er ist kurz nach der ersten Jahrtausendwende gebaut worden. Die Grundmauern sind noch älter, sie werden bis ins 8. Jahrhundert zurückdatiert. Wahrscheinlich ist das Kloster, genauso wie das auf der Herreninsel, eine Gründung des Bayernherzogs Tassilo III. Die prominenteste Persönlichkeit des Klosters ist jedoch nicht der Gründer, sondern Irmengard, die Tochter von König Ludwig dem Deutschen. Sie kam 857 nach Frauenchiemsee, das damals ziemlich verwahrlost war. Innerhalb von neun Jahren brachte sie nicht nur das Kloster zu einer zweiten Blüte, sondern prägte sich durch ihr Wirken so tief in die Herzen der Menschen ein, dass sie heute noch, inzwischen seliggesprochen, als Patronin des Chiemgaus gilt und hoch verehrt wird. Aus ihrer Zeit steht noch ein ganzes Haus auf der Insel, der **Torbau** nördlich des Klosters, eines der ältesten, fast völlig erhaltenen Bauwerke

▲ Campingplatz Strandcamping von oben ◄ Tretboote warten auf die Gäste in Gstadt. ▶ Klosterwirt auf der Fraueninsel

Bayerns. Ansonsten gibt es nichts Schöneres, als einfach zwischen den Fischerhäusern und den bunten Gärten über die Insel zu bummeln. Hier sind es die kleinen Details, die vielen malerischen Winkel und die netten Lokale, die uns immer wieder aufs Neue bezaubern.

KIRCHENKUNST IN URSCHALLING

Kunstbegeisterte sollten unbedingt die kleine Kirche St. Jakob bei Prien besuchen. Sie liegt im Weiler Urschalling und ist in ihrem Inneren völlig mit Fresken aus dem 14. Jahrhundert ausgeschmückt. Diese waren für einige Jahrhunderte einfach übertüncht worden und damit in Vergessenheit geraten. Erst 1923 wurden sie durch Zufall entdeckt und konnten ziemlich unbeschadet freigelegt werden. Eine der bedeutendsten, aber auch umstrittensten Darstellungen in der Kirche ist ein Bild der Dreifaltigkeit im Gewölbezwickel. Sie zeigt Gott Vater, Jesus Christus und den Hl. Geist. Letzterer wird üblicherweise als Taube dargestellt. Doch in Urschalling zeigt er eindeutig feminine Züge. Forscher sind sich uneins, ob es sich hierbei

um eine Frau handelt, was natürlich kirchengeschichtlich eine Sensation wäre, oder doch nur um einen jungen Mann. Doch die Idee des weiblichen Hl. Geistes ist natürlich viel spannender und revolutionärer.

Wer möchte, kann Urschalling mit einer kurzen **Radtour** besuchen. Das lohnt sich nicht nur für die kleine Kirche, auch die danebenliegende **Mesner Stubn** (www.mesnerstubn.de) mit ihrer guten bayerischen Küche ist einen Besuch wert. Für die Radtour fährt man vom Campingplatz Harras aus über die Gleise zur Bundestraße und folgt dieser kurz nach rechts, um dann links hinauf nach Urschalling zu radeln. Vom Campingplatz Hofbauer geht es gleich ein Stück entlang der Bundesstraße Richtung Prien und dann ebenfalls auf die Anhöhe.

ZUR TIROLER ACHENMÜNDUNG

Allen, die sich ein paar Tage am Ostufer gönnen, empfehlen wir die kleine **Radtour** nach Süden Richtung Grabenstätt zur Hirschauer Bucht. Dort steht an der Tiroler **Achenmündung** eine Vogelwarte. Das Naturschutzgebiet ist vor allem für seinen Vogelreichtum bekannt. Zum Glück ist im Aussichtturm ein hervorragendes Fernrohr installiert, von dem wir jede Menge Wasser-, Zug- aber auch Raubvögel beobachten können. (Wobei wir wirklich, auch wenn es kaum einer glaubt, einen Flamingo gesichtet haben.) Unweit der Vogelwarte gibt es zudem ein nettes Wirtshaus samt Biergarten. Das **Wirtshaus zur Hirschauer Bucht** ist für seinen Chiemseefisch bekannt (www.hirschauer-bucht.de). Es hat von April bis Oktober täglich außer Donnerstags geöffnet.

> Wie Kletteraffen können wir uns im Kletterwald von Prien über viele Schikanen von Baum zu Baum hangeln. 13 Parcours und 110 spannende Übungen gibt es. Spaß und Action sind garantiert, der Kletterwald Prien ist nicht nur für Familien mit Kindern ein großes Vergnügen (www.kletterwald-prien.de).

Tipp

ETWAS NÖRDLICH VON PRIEN gibt es einen Stand-up-Paddle-Verleih direkt am Strandbad Westernach, wo das Flüsschen Prien in den Chiemsee rauscht.

AUF EINEN BLICK

Info

STADT/REGION: Chiemsee
BESTE REISEZEIT: April bis Oktober
OPTIMALE REISEDAUER: 2 bis 3 Tage
TOURISTINFORMATION: Touristinfo Prien,
Alte Rathausstraße 11, 83209 Prien, Tel. 08051/690 50,
www.prien-tourismus.de

PANORAMACAMPING HARRAS
ADRESSE: Harrasser Straße 135, 83209 Prien am Chiemsee,
Tel. 08051/90 46 13, www.camping-harras.de
ANFAHRT: Autobahn A 94 Ausfahrt Bernau, Richtung Prien,
beim Kreisverkehr erste Abfahrt auf die Harrasser Straße.
Den Platz findet man hinter dem Gasthaus Zum Fischer am See.
GPS: 47.840421, 12.373515

Einer der wohl schönsten Plätze am Chiemsee, geöffnet von Mitte
April bis Anfang November. Der sehr ruhige Platz liegt auf einer klei-
nen Halbinsel im Chiemsee und gibt damit reichlich Gelegenheit zum
Baden. Er verfügt über ein eigenes kleines Restaurant mit Biergarten.

Direkt am See Campingplatz Strandcamping

Für gehobene Ansprüche steht das Hotel Zum Fischer am See direkt neben dem Campingplatz zur Verfügung.

CAMPINGPLATZ HOFBAUER

ADRESSE: Bernauer Straße 110, 83209 Prien am Chiemsee,
Tel. 08051/41 36, www.camping-prien-chiemsee.de
ANFAHRT: Autobahn A 94 Ausfahrt Bernau, Richtung Prien,
nach dem Kreisverkehr sofort links.
GPS: 47.838666, 12.355340

Der Platz liegt ein gutes Stück vom See entfernt an der Zufahrtsstraße nach Prien und ist geöffnet von Ende März bis Ende Oktober. Er ist ideal für Camper, die sich die Umgebung mit dem Rad oder mit öffentlichen Verkehrsmitteln ansehen und keinen Badekurzurlaub machen wollen. Direkt gegenüber liegt der Priener Regional- und Biomarkt (gut auch zum Einkehren). Dort ist die Bushaltestelle.

CAMPINGPLATZ STRANDCAMPING

ADRESSE: Am Chiemsee 1, 83355 Grabenstätt, Tel. 08664/500,
www.chiemsee-strandcamping.de
ANFAHRT: Die Autobahn A 8 verlässt man an der Ausfahrt Grabenstätt. Weiter Richtung Chieming. Nach ca. 6 Kilometern erreicht man Unterhochstätt. 500 Meter später liegt der Campingplatz auf der linken Seite.

Der Chiemsee-Strandcamping befindet sich am Ostufer und ist geöffnet von Ostern bis Anfang Oktober. Auch wenn er vom Gemeindegebiet zu Grabenstätt gehört, liegt er eigentlich viel näher bei Chieming. Traumhaft mit Ausblicken über den See auf die Chiemgauer Berg gelegen, ist er hervorragend geeignet, um das östliche Chiemgau zu erkunden oder sich einfach nur zu erholen. Stellplätze, die maximal 50 Meter vom Ufer entfernt liegen, versprechen ideale Badebedingungen. In die Ortsmitte nach Chieming sind es 30 Minuten zu Fuß. Restaurants gibt es aber näher.

REIT IM WINKL

Sommer- wie Winterspass

Am Weitsee

Reit im Winkl ist eines der großen Fremdenverkehrszentren der Chiemgauer Berge. Der Ort liegt in einem kleinen Talkessel an der Deutschen Alpenstraße – und Kössen in Tirol ist nur einen Katzensprung entfernt. Umgeben von hohen Bergen, finden sich gleich zwei große Almgebiete in dem Gemeindegebiet.

Die Winklmoosalm ist weithin bekannt und ein beliebtes Ausflugsziel. Unbekannter, aber nicht weniger schön, ist die Hemmersuppenalm am Fuß des Fellhorns. Beide kann man das ganze Jahr über besuchen. Im Winter ist die Winklmoosalm ein beliebtes Skigebiet, während man auf der Hemmersuppenalm über frisch präparierte Premium-Wanderwege durch eine zauberhafte Landschaft marschiert. Im Tal dagegen locken die Langlaufloipen. Die Skier können wir uns in der Dorfmitte ausleihen oder tragen sie, aus dem Wohnmobil geholt, nur über die Straße. Dort warten täglich frisch gespurte Loipen auf unseren sportlichen Ehrgeiz (Verleih z. B. in der Intersport Skihütte, Tirolerstraße 2).

Wer jetzt meint, dass sich ein Besuch von Reit im Winkl nur im Winter lohnt, liegt weit daneben. In den anderen Jahreszeiten eignet sich die Gegend hervorragend für ausgedehnte Spaziergänge, Wanderungen und Bergtouren. Auch zu einigen Radtouren können wir starten, wobei sich allein wegen der geografischen Lage die einen oder anderen Höhenmeter nicht vermeiden lassen. Mit einem E-Bike oder einem Mountainbike ist das aber einfach zu schaffen.

INS DORF REIT IM WINKL

Vom Wohnmobilparkplatz gehen wir auf der Waldbahnstraße vor zur B 305 und nehmen den Feldweg, der ziemlich genau auf der anderen Straßenseite beginnt. Auf dem freien Feld biegen wir bei der ersten Gelegenheit links ab und gehen mit etwas Abstand an der Wohnsiedlung vorbei auf die Baumgruppe zu, die einsam mitten auf dem Feld steht. Sie markiert den Fundort einer Gletschermühle.

Zur Eiszeit war hier alles mit einem gewaltigen Gletscher bedeckt. Zwischen dem Eis und dem felsigen Untergrund floss Wasser, das immer Steine mitschleppte. Diese schabten den Felsen in allen möglichen Formen ab. Weil immer wieder aufgrund der Wasserwirbel runde Schleifspuren ent-

Die Bergkirche in Reit im Winkl

standen, nannte man solche Formen Gletschermühlen. Auf dem Bankerl neben den freigelegten Felsformen können wir noch kurz verschnaufen, ehe wir geradeaus weiter auf das Dorf zugehen.

Am Dorfrand spazieren wir diagonal über den großen Parkplatz auf die Touristinfo zu, um uns mit Prospekten von Reit im Winkl zu versorgen. Dann bummeln wir auf der Dorfstraße auf die dem Heiligen Pankratius geweihte Dorfkirche zu, die mit ihrem raffinierten Zwiebelturm unverwechselbar das Ortszentrum anzeigt. Die Kirche ist nicht so alt, wie sie vorgibt, sie wurde erst vor gut 100 Jahren neu erbaut, nachdem die alte Kirche baufällig geworden war. Ihr Inneres erstrahlt in lichten, hellen Farben, die wenigen, aber schönen barocken Figuren entstammen noch dem Vorgängerbau.

An der Kirche vorbei können wir durch einen weiten Park zur Kriegergedächtniskapelle aufsteigen. Sie lässt uns weit über den Ort blicken, die Sicht reicht vom Wilden Kaiser im Westen bis zu den Berchtesgadener Alpen im Osten. Für den Rückweg gehen wir zuerst zum Rathausplatz und dann ein Stück neben der B 305 her. Sie biegt schräg rechts ab. An dieser Stelle gehen wir geradeaus weiter und sind damit auf dem Wimmerkreuzweg, der direkt zur Gletschermühle führt. Auf dem schon bekannten Weg kehren wir zum Stellplatz zurück.

 **IN REIT IM WINKL** gibt es ein sehr nettes Freibad. Wie könnte es anders sein, baden wir dort mit tollem Bergblick (Schwimmbadstraße 15).

KEINE 10 MINUTEN ZU FUSS vom Wohnmobilstellplatz liegt die Forellenstube im Wambachweg 4 unweit der Lofer. Wer frischen Fisch liebt, ist hier goldrichtig. Fangfrische Forellen gibt es als Steckerlfisch oder geräuchert. Sehr zu empfehlen ist auch die Fischsuppe (www.forellenstube-reitimwinkl.de).

AUF DAS FELLHORN

Eine der schönsten Wanderungen der Region führt über die Hemmersuppenalm hinauf zum Fellhorn, dessen Gipfel bereits auf der Tiroler Seite liegt. Wir können direkt vom Wohnmobilparkplatz aus starten. Wir wandern zur Hauptstraße, folgen ihr auf dem Gehweg ein kurzes Stück nach links und biegen dann links in die Blindauerstraße ein. Sie bringt uns zum Wanderparkplatz Blindau, wo uns ein kleiner Zubringerbus anstelle eines Liftes gegen Gebühr hinauf zum Hindenburghaus fährt.

Dort beginnen wir unsere eigentliche Bergtour und folgen weiter der kleinen Bergstraße. Wenige Schritte später sind wir auf Almwiesen unterwegs. Nach etwa 500 Metern biegt rechts der Filzenweg zur Straubinger Hütte ab, hier werden wir später zurückkommen. Noch wandern wir geradeaus weiter zur Annakapelle, die 1906 von den Bauern der Oberen Hemmersuppenalm gebaut wurde. Von der Kapelle aus bleiben wir noch kurz auf der Almstraße und nehmen an der tiefsten Stelle den Weg aufwärts. So

Über dem Nebelmeer auf dem Fellhorn

◄ Herbst am Weitsee ▲ Reit im Winkl
▼ Pause am Dürrnbachhorn auf der Winklmoosalm

erreichen wir die **Straubinger Hütte**. Nach links folgt der finale Gipfelsturm hinauf zum **Fellhorn**. Der Weg dorthin steigt nur noch gemächlich an. Oben erwartet uns ein Grashügel, der jedoch mit einer steilen Wand fast senkrecht ins Waidringer Tal abfällt. Entsprechend schön ist die Sicht. Vom Gipfel gehen wir auf dem gleichen Weg zur Straubinger Hütte zurück, wo wir nun einkehren können. Der restliche Rückweg folgt dann wiederum ein gutes Stück dem Hinweg, dann halten wir uns aber links und erreichen so wieder die Hindenburghütte. Entweder bringt uns der Bus erneut ins Tal oder wir biegen unterhalb der Hindenburghütte nach rechts und steigen durch den Wald ab. Bei den Skisprungschanzen halten wir uns dann rechts und queren die Lofer ganz in der Nähe des Stellplatzes.

AUF DIE WINKLMOOSALM
Direkt an der B 305, schräg gegenüber dem Stellplatz, liegt die **Bushaltestelle**, von der ein Bus mehrmals täglich hinauf zur Winklmoosalm fährt.

Die **Winklmoosalm**, ein paradiesisches Almenplateau, liegt auf fast 1200 Metern, unweit von Reit im Winkl zwischen dem Dürrnbachhorn und der Kammerköhrplatte. Die traumhaft schöne Hochalm ist Ausgangspunkt zahlloser **Wanderungen** für Groß und Klein. Spannend und aussichtsreich ist die **Besteigung des Dürrnbachhorns**. Wobei wir unsere Wanderambitionen mithilfe des nostalgischen Sesselliftes nicht überstrapazieren müssen, einen Teil des Aufstiegs können wir uns somit sparen (Aufstieg zum Gipfel ab der Bergstation ca. 20 Minuten, 150 Hm, jedoch sehr steil). Senioren oder Familien mit kleineren Kindern genießen hingegen eine flachere **Runde über den Almboden**. Die klare Bergluft und die üppig blühenden Almwiesen verwöhnen uns auch hier mit viel Berggefühl, ohne wirklich Höhenmeter bewältigen zu müssen. Über das Almkreuz erreicht man einige nette Einkehrmöglichkeiten, wie den **Berggasthof Sonnenalm** mit seiner großen Aussichtsterrasse und dem wunderbaren Abenteuerspielplatz.

Etwas länger ist der 6 Kilometer lange Rundweg zur historischen und denkmalgeschützten Muckklause. Die **Muckklause** diente früher den Waldarbeitern als Stauwerk für die Holztrift, die zu den gefährlichsten Arbeiten eines Holzfällers zählte. Idyllisch flanieren wir auf dieser Tour zunächst über bunte Almwiesen, passieren dann die Grenze nach Österreich und wandern durch einen lichtdurchflutenden Bergwald. Der Rückweg führt über die Mösererstube zurück zu den Winklmoosalmen, wo dann sicherlich auch noch Zeit für eine Einkehr bleibt (leicht, 2 Std., 120 Hm, 6,2 km, Start: Parkplatz Winklmoosalm).

ENTLANG DER LOFER ZUM WEITSEE

Eine tolle **Radtour** führt vom Stellplatz aus entlang der Lofer nach Osten. Fast parallel zur Deutschen Alpenstraße passieren wir so den Parkplatz **Seegatterl**, von dem aus man auf die Winkelmoosalm startet. Wir bleiben jedoch im Tal und radeln weiter zum idyllischen **Weitsee,** der eigentlich aus mehreren aneinandergereihten Seen besteht. Die Seen sind zum Baden wunderschön. Sie sind jedoch auch ein einzigartiges Naturjuwel. Ein Ort der Ruhe und Entspannung und es macht Spaß am Ufer zu sitzen und einfach nichts zu tun. (20 Kilometer hin und zurück). Wer möchte, kann die Radtour auch bis Ruhpolding fortsetzen (48 Kilometer hin und zurück).

▲ Am Straubinger Haus ▼ Frühling auf der Winklmoosalm

 SEHR NETT SITZT MAN in Reit im Winkel in der Weitseestraße im Toffenetti. Der italienische Feinkostladen ist super geeignet für leckere Kleinigkeiten zum Essen wie Antipasti, es gibt aber auch sehr guten Wein. Vor dem Haus sitzt man bequem in Strandkörben. So lässt sich Dolce far niente auf bayerisch genießen (www.toffenetti.de).

AUF EINEN BLICK

STADT/REGION: Reit im Winkl
BESTE REISEZEIT: April bis Oktober
und Winter, wenn Schnee liegt
OPTIMALE REISEDAUER: 2 Tage
TOURISTINFORMATION: Touristinfo Reit im Winkl, Dorfstraße 38, 83242 Reit im Winkl, Tel. 08640/800 20, www.
reitimwinkl.de

STELLPLATZ REIT IM WINKL

ADRESSE: Am Waldbahnhof 7,
83242 Reit im Winkl,
Tel. 0160/90 73 75 78,
www.wohnmobilpark-
reitimwinkl.com
ANFAHRT: Autobahn A 94 Ausfahrt
Bernau, auf der B 305 nach Reit im
Winkl. Im Ort auf der B 305 bleiben
Richtung Winkelmoosalm. Der
Platz liegt im Ortsteil Groissenbach
direkt an der B 305.
GPS: 47.745524, 12.663214

Ein großer Stellplatz (250 Plätze),
nahe der B 305, aber trotzdem in
schöner und ruhiger Lage am Bachlauf der Lofer und mit Bergblick. Er
ist geöffnet von Mitte Mai bis Ende
Oktober und ab 20.12. bis Ende März.
Möglichkeit zur Ver- und Entsorgung,
aber ohne sanitäre Anlagen. Stell-

Ein stattlicher Maibaum schmückt Reit
im Winkl

plätze mit Strom möglich. Zum Ortszentrum etwa 15 Minuten zu Fuß.
Ein Supermarkt ist ganz in der Nähe. Der Stellplatz ist auch im Winter
bei Langläufern sehr beliebt.

RUHPOLDING

Im Herzen der Chiemgauer Alpen

Blick vom Kirchenhügel auf Ruhpolding im Chiemgau

Ruhpolding, bekannt als Austragungsort der winterlichen Biathlon Weltmeisterschaften, ist ein beliebter Ausgangsort zu einigen der schönsten Freizeitmöglichkeiten im Chiemgau. Radfans sind von der Gegend genauso begeistert wie Wanderfreunde, die sich über die zahlreichen Tourenmöglichkeiten verschiedenster Schwierigkeitsstufen freuen.

In und um Ruhpolding kann man immer etwas unternehmen, auch ohne große sportliche Ambitionen. Da ist der kleine Ort selbst. Gleich einem Schmuckkästchen liegen links und rechts der Hauptstraße einige schöne, im Sommer mit Geranien geschmückte Häuser. Der Tourismus hat sich schon lange eingefunden, was als positiv zu bewerten ist. So gibt es eine gute Infrastruktur mit viel Möglichkeiten zum genussvollen Einkehren.
Wer es ruhiger möchte, macht einen Spaziergang hinauf zur Pfarrkirche St. Georg, die weit sichtbar über dem Ort auf einem Hügel thront. In ihrem Inneren finden wir die berühmte Ruhpoldinger Madonna, eine romanische Marienfigur in seltener Perfektion. Umgeben von einem malerischen Bergfriedhof haben wir von der Kirche eine der schönsten Aussichten über das Tal.
Für den kleinen Hunger bietet sich in Ruhpolding in der Nähe des Bahnhofes das Bäckerei-Café Schuhbeck an. Auf der großen Terrasse sitzt man trotz der Nähe zum Kreisverkehr sehr gemütlich und natürlich schmeckt es auch. Mehr Action bringt eine Runde Minigolf in der Nähe des Ruhpoldinger Kurhauses. Echte Golfspieler bevorzugen natürlich den wunderbar angelegten 18-Loch-Platz unweit unseres Stellplatzes.

ZEUGE VON GESCHICHTE UND TRADITION

Beschaulicher ist der Besuch des Heimatmuseums, das im ehemaligen Schloss am nördlichen Ende des Dorfes untergebracht ist. Neben vielen bäuerlichen Ausstellungstücken gibt es auch Versteinerungen, Uniformen und antike Waffen. Wer noch mehr interessante Museen besichtigen möchte, benötigt den Dorfbus. Er bringt uns z. B. zur alten Glockenschmiede, zu der wir dann auch noch ein Stück zu Fuß gehen müssen (Haltestelle Freizeitpark Ruhpolding). Im Museum gibt es eine umfangreiche Ausstellung von Handwerksgegenständen aus einem aufgelassenen Schmiedebetrieb.

ABSOLUT NICHT VERSÄUMEN dürfen wir das Ruhpoldinger Holzknechtmuseum. Auch dort bringt uns der Dorfbus hin (Haltestelle Laubau/Holzknechtmuseum). Im Hauptgebäude ist die Entwicklung des Berufes der Holzknechte von früher bis heute sehr interessant dargestellt. Im großen Außenbereich besuchen wir dann viele Holzknechthütten. Es gibt spannende Führungen, vor allem für Gruppen. Familien dürfen sich aber auch einen Museumsrucksack leihen und selbstständig auf dem Kinderpfad Rätsel lösen (www.holzknechtmuseum.com).

WER, EGAL BEI WELCHEM WETTER, baden möchte, springt im Erlebnis- und Wellnessbad Vita Alpina (www.vita-alpina.de, Brandnerstraße 1) ins Wasser. Dort gibt es sowohl eine Saunalandschaft und ein Indoor-Schwimmbad als auch ein Freibad.

◀ Die Ruhpoldinger Pfarrkirche St. Georg stammt von 1758
▶ Am Hinteren Rauschberggipfel

An der weißen Traun

RUHPOLDINGER HAUSBERG: UNTERNBERG

Neben dem Rauschberg ist der Unternberg der zweite Hausberg von Ruhpolding. Auch auf seinen Gipfel führt eine Bahn, ein Doppelsessellift. Zur Talstation bringt uns der Dorfbus. Dann können wir entscheiden, ob wir uns die Auf- oder Abfahrt gönnen wollen. Denn knappe 600 Höhenmeter gilt es, auf einer kleinen, sehr sicheren Almstraße zu bewältigen. Neben der schönen Aussicht freuen wir uns über die tollen Einkehrmöglichkeiten entlang der Strecke. Wer bergauf fährt, wendet sich an der Bergstation zunächst nach links, um zum eigentlichen Gipfel zu wandern. Der ist in 5 Minuten erreicht und durch einen Bildstock markiert. Gleich neben dem Lift liegt die Unternbergalm. Komplett neu gebaut ist der Berggasthof architektonisch ein Hit. Riesige Fensterfronten geben den Blick ins Tal frei und auf der chilligen Terrasse ist ein Platz an der Sonne garantiert. Unmittelbar davor machen sich Drachen- und Gleitschirmflieger klar für ihren Start, da gibt es immer viel zu schauen. Vor allem, wenn man auf einen leckeren Kaiserschmarrn wartet, der immer frisch zubereitet werden muss.

Wem es auf der Unternbergalm zu voll ist oder wer es lieber uriger mag, der macht sich gleich auf den Abstieg und folgt der Almstraße zur nahen Boider Alm. Mit einer gehörigen Portion echtem Almfeeling lässt es sich in der mit Steinen gedeckten Hütte ebenfalls gut einkehren. Dem Almsträßchen weiter folgend, an ein paar Stellen können wir über steile Pfade abkürzen, erreichen wir noch eine dritte Einkehrmöglichkeit. Die Raffner Alm liegt fast schon wieder im Tal. Von dort ist es nicht mehr weit zurück zum Startpunkt (leicht, 2 Std., 600 Hm, 5 km).

Auf dem Holzgeisterweg am Rauschberg

HOLZGEISTERWEG UND KUNST AM RAUSCHBERG

Höhere Wanderziele liefert der Rauschberg bei Ruhpolding. Mehrere Wege führen die mehr als 900 Höhenmeter hinauf. Und wenn es einmal schnell gehen soll, fährt uns eine Gondel zum Gipfelglück. Oben angekommen, können wir gleich zwei Gipfel erklimmen. Gleich neben der Bergstation liegt der Vordere Rauschberggipfel, den wir in weniger als 10 Minuten erreichen. Wunderbar ist die Aussicht auf das große Talbecken von Ruhpolding und Inzell, am Horizont glänzt der Chiemsee. Noch beeindruckender ist der Blick nach Süden. Da erheben sich unzählige Gipfel: vom Watzmann über die Leoganger Berge hin zu den Hohen Tauern und den Zillertaler Alpen. Ganz abgesehen von den umliegenden Chiemgauer Bergen oder dem nahen Wilden Kaiser.

Die Aufstiegshilfe benutzen auch viele Drachenflieger und Gleitschirmpiloten und so füllt sich an guten Flugtagen die Luft mit jeder Menge Fluggeräten. Ein netter Holzgeisterweg wurde für Familien angelegt. Viele lustige Holzfiguren säumen ihn und es gibt jede Menge Geschichten dazu. Erwachsene hingegen freuen sich über die Kunstobjekte *Adams Hand* oder den *Himmelkletterer*, die von Angerer dem Jüngeren kreiert wurden. Und nach Lust und Laune lässt sich noch der Hintere Rauschberggipfel besuchen, für den man jedoch etwas trittsicher sein sollte (mittel, 1.30 Std., 150 Hm, 4 km).

ZUR ROTEN UND WEISSEN TRAUN

Wer die **Räder** dabei hat, startet zu einer Runde **entlang der Traun**. Entweder nur nach **Siegsdorf** oder, wer möchte, von dort weiter nach **Inzell**. Dort muss man dann mit einem kleinen Aufschwung über **Infang** zurück nach Ruhpolding fahren. Denn gäbe es den Zinnkopf nicht, dann lägen Inzell und Ruhpolding in einem einzigen großen Talkessel. Aber der bewaldete Bergrücken versperrt nun mal die Sicht von einem Tal zum nächsten. Doch durch zwei Flüsse, die **Rote und die Weiße Traun,** stehen die beiden Chiemgauer Täler in Verbindung. Das wird spätestens bei Siegsdorf klar, wo sich beide Flüsse zur Traun vereinen, die in ihrem weiteren Verlauf dann namensgebend für Städte wie Traunstein oder Traunreut ist (leicht, 4 Std., 34 km, 300 Hm).

GEHEIMNISVOLLER WASSERFALL

Eine andere schöne **Radtour** folgt einfach in südlicher Richtung der **Traun**. Sie bringt uns am **Holzknechtmuseum** vorbei und führt dann im weiteren Verlauf entweder an den **Weitsee** in Richtung Reit im Winkl oder entlang des Fischbachs bis zum **Staubfall**. Das Tolle daran ist, dass man zu Fuß hinter das fallende Wasser steigen kann und dabei das Tal hinter einem Wasserschleier sieht (leicht, 3 Std., 300 Hm, 26 km).

◄ Holzknechtmuseum ▶ »Himmelkletterer« am Rauschberg

Für Familien mit Kindern ist der Freizeitpark Ruhpolding ein echtes Highlight.

IM LAND DER MÄRCHEN

Wer mit Kindern unterwegs, ist findet sein Glück ebenfalls in Ruhpolding. Der Freizeitpark Ruhpolding ist eine Institution. Im Märchenbereich zwischen Feenbäumen, Zwergenhäuschen und Wichtelschwammerln wechseln sich Wissenswertes über die lokale Heimatgeschichte, diverse Märchen und etwas Naturkunde miteinander ab. Dazwischen liegen die ersten Spielplätze. Mit einer kleinen Kinderbahn ziehen wir Kreise rund um die Froschschule oder steigen ein für eine wilde Fahrt im Drachen-ritt-Karussell. Der Versuch, mit Wackelrädern zu radeln beansprucht unsere Lachmuskeln. Über einen Tunnel erreichen wir den neueren Teil des Parks. Es geht ins dunkle Kristallbergwerk und weiter ins Land der Dinosaurier. Alles in allem eine bunte Mischung, die kleinere und größere Kinder begeistert, aber auch Erwachsene nicht kaltlässt. Der Dorfbus bringt uns zur Haltestelle Märchenpark/Vorderbrand, zu Fuß sind es ca. 4,5 Kilometer (www.freizeitpark.by).

 **GANZ UNBEKANNT IST** die Adresse sicher nicht, aber wer es nicht weiß, versäumt die besten und leckersten Windbeutel der Gegend. In einer unvorstellbaren Größe gibt es sie im Ruhpoldinger Café Windbeutelgräfin – nur falls noch der Hunger lockt (www.windbeutelgraefin.de).

AUF EINEN BLICK

Info

STADT/REGION: Ruhpolding
BESTE REISEZEIT: April bis Oktober
OPTIMALE REISEDAUER: 2 Tage
TOURISTINFORMATION: Touristinfo Ruhpolding, Bahnhofstraße 8, 83324 Ruhpolding, Tel. 08663/880 60, www.ruhpolding.de

CAMPING- UND STELLPLATZ ORTNERHOF

ADRESSE: Ort 5, 83324 Ruhpolding, www.camping-ruhpolding.de
ANFAHRT: Autobahn A 94 Ausfahrt Siegsdorf, auf der B 306 nach Inzell. Nach dem Ort rechts auf die B 05 Richtung Ruhpolding. Die Straße führt südlich von Ruhpolding am Campingplatz vorbei, Anfahrt ausgeschildert, Reservierung möglich.
GPS: 47.745524, 12.663214

Der Betreiber bietet einen ganzjährig geöffneten Campingplatz mit vollem Service oder die Möglichkeit, kostengünstig am Eingangsbereich auf einem dazugehörigen Reisemobilstellplatz zu stehen. Den darf man aber nur für eine Nacht nutzen, für ein entspanntes Wochenende ist dann der Campingplatz besser. Ver- und Entsorgung sowie Strom werden angeboten. Der Platz liegt etwa 3 Kilometer vom Ortszentrum entfernt, zu dem eine gut frequentierte Busverbindung besteht. Zur Rauschbergbahn sind es nur 12 Minuten zu Fuß. Im Winter, während des großen Biathlon-Weltcups, stehen die Plätze für Kurzcamper nicht zu Verfügung.

Fahrt mit Aussicht bei Ruhpolding

BERCHTESGADEN

Wilde Natur mit Genuss

Auf dem Weg nach Berchtesgaden an der deutschen Alpenstraße

Das Berchtesgadener Land mit seinem Nationalpark ist eine der schönsten Regionen Deutschlands. Eine Urlandschaft mitten im dicht besiedelten Bayern, die sich abwechslungsreich und vielfältig präsentiert. Neben der wunderbaren Natur freuen sich Einheimische und Gäste auch über zahlreiche Wanderwege.

Immer wieder stellt sich die Frage: See oder Berge? Im hintersten Winkel des Berchtesgadener Landes bei Schönau ist nämlich beides möglich. Rund um den dunkelblauen Königssee erheben sich felsige Berggipfel, darunter das gewaltige Watzmannmassiv in den weiß-blauen Himmel. Die Natur gleicht einer wilden, dramaturgischen Inszenierung, die ihresgleichen sucht. Dabei muss es nicht die Watzmannbesteigung sein, es gibt auch genussvolle einfache Wanderungen und darüber hinaus ein vielfältiges Alternativprogramm. So sind Schönau oder Ramsau bei Berchtesgaden ein idealer Ausgangspunkt für ein perfektes Camperwochenende.

ANREISE MIT URLAUBSCHARAKTER

Dabei beginnt der Kurzurlaub schon während der landschaftlich genussvollen Anreise. Egal ob man den Stellplatz in Ramsau oder in Schönau am Königssee ansteuert, am besten erreicht man das Ziel über die deutsche Alpenstraße, die B 305, denn so gibt es viel zusätzlich zu sehen. Ein Stopp lohnt sich bereits kurz hinter Inzell. Wenige Meter nach dem ehemaligen Gasthaus Zwing liegt auf der linken Straßenseite der frei zugängliche Gletschergarten. Der Gletscheruntergrund des eiszeitlichen Saalach-Gletschers wurde beim Bau der Alpenstraße in den 1930er-Jahren freigelegt. Vor gut 10 000 Jahren bedeckten 300 bis 400 Meter mächtige Eismassen aus den Zentralalpen das Tal. Ein Pfad führt am Rand der geologischen Besonderheit aufwärts und bringt uns so ganz nah an dieses Naturdenkmal. Je näher wir danach ans Ziel kommen, umso höher, gewaltiger und mächtiger werden die Berge. Zu ihren Füßen liegen malerische Dörfer und der eine oder andere Gebirgsbach begleitet uns.
Beide Campingplätze – in Ramsau und Schönau – eignen sich gleichermaßen als Ausgangspunkt für alle Aktivitäten. Der Campingplatz Mühlleiten ist etwas zentraler, dafür ist dort mehr los. Der Campingplatz Simon hingegen liegt erholsam ruhig, ist dabei aber gut an das öffentliche Nah-

verkehrsnetz angebunden, so dass man ebenfalls alle Ausgangsorte für die Aktivitäten gut erreichen kann.

BESUCH VON BERCHTESGADEN

Berchtesgaden ist von beiden Stell- und Campingplätzen leicht mit öffentlichen Verkehrsmitteln zu erreichen. Wer in Schönau stationiert ist, kann die 3,5 Kilometer dorthin auch rasch mit dem Fahrrad bewältigen. Der sehr sehenswerte kleine Markt ist Namensgeber für das Berchtesgadener Land. Dabei kann der Ort auf eine über 900 Jahre alte Geschichte zurückblicken. Eine Klostergründung aus dem Jahre 1102 ist die erste urkundliche Erwähnung. Die Anfänge finden wir heute noch im Kreuzgang des ehemaligen Augustiner-Chorherrenstifts, das im Laufe der Geschichte zu einem Schloss der Wittelsbacher wurde. Aber natürlich spielt auch die jüngere Vergangenheit eine große Rolle in Berchtesgaden.

◄ Am Obersee ► St. Bartholomä vor der Watzmann-Nordwand

Ein Ausflug in das **Salzbergwerk** in Berchtesgaden, das in der Bergwerk-straße 83 direkt an der Berchtesgadener Ache liegt, lohnt sich ebenfalls und das nicht nur bei schlechtem Wetter. Bei einer spannenden Führung dreht sich alles um das weiße Gold, das Salz, das der Gegend zu Wohlstand verhalf (www.salzbergwerk.de).

Sehr sehenswert ist zudem das neugestaltete **Museum Haus der Berge** des Berchtesgadener Nationalparks. Modern und interaktiv vereint es perfekt Informationszentrum, Bildungszentrum und Erlebnisgelände (www.haus-der-berge.bayern.de).

Auch ist der Obersalzberg mit seiner Dokumentation über das Führersperrgebiet während des Nationalsozialismus ein informatives Ausflugsziel, ebenso wie das nahe Kehlsteinhaus. Zu letzterem können wir wandern oder werden mit Shuttlebussen hinaufgefahren.

Es macht aber auch Spaß, nur durch die Gassen des Ortes zu bummeln. Interessant sind neben der Kirche und dem Schloss besonders die Lüftlmalereien am Hirschenhaus. Wobei diese keine Hirschen zeigen, sondern menschliche Laster, dargestellt von Affen. Auch der kleine Kurpark lohnt einen Besuch.

 UND WER HUNGER und Durst verspürt, ist im urigem Bräustüberl Berchtesgaden gut aufgeboben (www.braeustueberl-berchtesgaden.de).

INS REICH DER EISKÖNIGIN

Eine **Schiffahrt** (www.seenschifffahrt.de/königssee) über den berühmten **Königssee** zur Kirche St. Bartholomä darf man sich im Berchtesgadener Land natürlich nicht entgehen lassen. Wer kann, versucht eines der ersten Schiffe zu erwischen, denn morgens ist zum Glück noch wenig los. Das Trompetenspiel des Kapitäns mitten auf dem See ist ohne großen Ausflugsrummel wirklich magisch und das Postkartenmotiv der Wallfahrtskirche St. Bartholomä mit dem dahinter aufragenden Watzmann gehört uns morgens noch fast alleine.

In St. Bartholomä spazieren wir auf dem Eiskapellenweg zur Kapelle St. Johann und Paul. Wilder wird es, wenn wir noch weiter bergauf bis zur **Eiskapelle** steigen (Trittsicherheit erforderlich!). Diese liegt am Fuß der

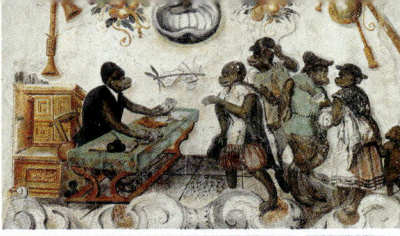

◄ Almabtrieb in der Ramsau ▲ Das »Affenhaus« in Berchtesgaden
▼ Der Hintersee in den Chiemgauer Alpen

Watzmann-Ostwand und ist eine durch Lawinen verursachte Schneehöhle, aus der der Eisbach fließt. Bitte nicht in das Innere der »Kapelle« gehen, Eis kann sich unvermutet von der Decke lösen. Wer Lust hat, kann die Reise über den Königssee bis zur Haltestelle Salet fortsetzten, um von dort zum Obersee und zur Fischunkelalm aufzusteigen.

Alternativ zum Königsseeausflug bringt uns die Jennerbahn in Schönau ganz gemütlich hinauf auf 1800 Meter bis kurz unter den Jennergipfel. Oben erwartet uns neben der Jenneralm ein unvergleichbarer Panoramablick über den Nationalpark Berchtesgaden.

DURCH DEN ZAUBERWALD ZUM HINTERSEE

Absolut herrlich und nicht schwer ist die Wanderung vom nahegelegenen Weiler Ramsau durch den Zauberwald zum Hintersee – beides Naturschönheiten und der der Inbegriff einer romantischen Berglandschaft. Im grünen See liegen kleine, von Tannen bewachsene Felsinseln und im Wasser spiegeln sich die Wände des Hochkalter. Das wilde Wasser der Ramsauer Ache formt den mystischen Flusslauf mit seinen Felstrümmern. Ein Zauber liegt in der Luft, dem sich auch die knorrigen Bäume, die sich fest an die felsigen Steinriesen klammern, nicht entziehen können.

Die leichte Wanderung zum Hintersee beginnt entweder am Gasthaus Zauberwald oder bereits an der malerischen Kirche St. Sebastian in der Ortsmitte von Ramsau. Sie dauert einfach etwas mehr als eine Stunde. Ab dem Hintersee verkehren dann wieder Busse.

IM SOMMER kann man sich herrlich im Hintersee erfrischen. Das Wasser ist relativ kühl, es gibt an seinem südwestlichen Ufer eine tolle Badestelle.

DER GASTHOF AUZINGER am Hintersee ist ein Wirtshaus mit Geschichte. Seit 1610 gibt es hier ein Schankrecht. In der 1. Hälfte des 19. Jahrhunderts entwickelte sich der Gasthof zu einem Künstlertreff und einer Malerherberge. Heute steht das sympathische Gasthaus unter Denkmalschutz und wird von der Familie Hillebrand in der 5. Generation betrieben. Frische Fische aus dem See wie Saibling oder Forelle landen auf den Tellern genauso wie Wild aus den nahen Wäldern und auch für den Schweinsbraten kommt man gerne öfter (www.auzinger.de).

▲ Postkartenidylle in der Ramsau ◀ Im Zauberwald am Hintersee
▶ In Schönau am Königsee kann man sich Ruderboote ausleihen.

AUF EINEN BLICK

Info

STADT/REGION: Berchtesgaden
BESTE REISEZEIT: Von Mai bis Oktober
OPTIMALE REISEDAUER: 2 bis 3 Tage
TOURISTINFORMATION:
Touristinfo Berchtesgaden-Königssee,
Königsseer Straße 2, 83471 Berchtesgaden,
Tel. 08652/656 50 70,
www.berchtesgaden.de

CAMPINGPLATZ MÜHLLEITEN

ADRESSE: Königsseer Straße 70, 83471 Schönau am Königssee,
Tel. 08652/45 84, www.camping-muehlleiten.de
ANFAHRT: Über Inzell auf die Deutsche Alpenstraße B 305 und
weiter über Schneizlreuth und Ramsau nach Berchtesgaden. Dort
rechts auf der B 20 nach Schönau am Königssee. Der Campingplatz
liegt auf der rechten Straßenseite.
GPS: 47.627409, 12.869350

Der kleine Vier-Sterne-Platz liegt ideal, um den Königssee oder die
Jennerbahn zu Fuß zu erreichen. Bis in den Markt Berchtesgaden sind
es 3,5 Kilometer, die nächste Bushaltestelle liegt nur wenige Schritte
vom Campingplatz entfernt. In nächster Nähe gibt es viele gute Einkehrmöglichkeiten und auch das Freibad liegt in Fußweite.

CAMPING SIMONHOF

ADRESSE: Alte Reichenhallerstraße 110, 83486 Ramsau,
Tel. 08657/284, www.camping-simonhof.de
ANFAHRT: Der Campingplatz ist über Inzell auf der Deutschen
Alpenstraße, der B 305, erreichbar. Noch vor dem Ort Ramsau biegt
man am Wanderparkplatz Wachterl rechts Richtung Hintersee ab.
Das ist die Alte Reichenhallerstraße. Manche Navigationssysteme
finden dort nur die Hausnummer 120, die Einfahrt zum Camping-
platz liegt von diesem Punkt aus einfach 200 Meter weiter.
GPS: 47.626631, 12.868898

Originelle Aussicht auf den Königssee

Der idyllisch gelegen Platz befindet sich etwa 6 Kilometer außerhalb des Bergsteigerdorfes Ramsau. Direkt am Eingang liegt die Bushaltestelle mit sehr guten Verbindungen zum Hintersee, nach Ramsau oder Berchtesgaden. Es gibt einen Kiosk und einen E-Bike-Verleih.

REISEMOBILSTELLPLATZ IN BERCHTESGADEN-OBERAU

ADRESSE: Renothenweg 15, 83471 Berchtesgaden/Oberau, Tel. 08652/31 61, www.reisemobilstellplaetze-berchtesgaden.de
GPS: 47.650482, 13.070396

Der private Stellplatz liegt 8 Kilometer außerhalb des Ortes Berchtesgaden, die Zufahrt ist steil und stellenweise etwas eng. Er hat eine schöne Aussicht. Strom, Toiletten und Entsorgungsmöglichkeit sind vorhanden.

WAGINGER SEE

In Bayerns Badeparadies

Bei Waging ist das Chiemgau nur hüglig und somit gut zu befahren.

Genau genommen besteht der Waginger See aus zwei Seen, nämlich dem Waginger und dem Tachinger See. Beide zählen zu den wärmsten und somit beliebtesten Badeseen Oberbayerns. Aber nicht nur das warme Wasser lädt zum Schwelgen ein, sondern auch die schöne Lage im Rupertiwinkel.

Beide Seen – der Waginger und der Tachinger – sind bei Tettenhausen durch eine überbrückte Engstelle voneinander getrennt. Gemeinhin spricht man aber immer vom großen Waginger See, auch wenn der nördlichere Tachinger See gar nicht so klein ist. Die Seen liegen mitten im Rupertiwinkel, das ist die Landschaft, die sich östlich des Chiemgaus bis zur Salzach erstreckt. Der Waginger See ist guter Startplatz für entspannte Erkundungen der Gegend, die man am besten auf dem Fahrrad unternimmt. Wobei wir gerade die Badefreuden bei diesen Ausflügen nicht zu kurz kommen lassen sollten.

GESCHICHTSTRÄCHTIGES WAGING AM SEE

Der kleine lebendige Ort Waging liegt etwas westlich des Waginger Sees. Im Zentrum gibt es einige Cafés und Einkehrmöglichkeiten. Neben der Pfarrkirche St. Martin ist vor allem das Baiuvarenmuseum interessant. In dem kleinen Museum erfährt man viel Neues und Interessantes über die Vorfahren der Bayern. Sie waren eine Mischbevölkerung, die aus Römern, Kelten und Slawen hervorging: die Bajuwaren. Ihnen zu Ehren und zur Erinnerung wurde ein Themenweg, der Bajuwaren-Radweg, angelegt. Er ist ein Rundweg, der von Waging aus bis ins Salzburger Seenland führt und viele Stationen berührt, die an diese Stammesbildung erinnern.

Kurz und eigentlich nur ein Spaziergang ist der Aufstieg hinauf zur Wallfahrtskirche Maria Mühlberg, die weithin sichtbar etwas erhöht über Egg auf einem Hügel thront. Von dort hat man eine herrliche Aussicht über den Rupertiwinkel und die beiden Seen. Ein wunderbar stilles Plätzchen!

 Eines der besten Waginger Restaurants ist das Landhaus Tanner bei Egg. Für die Feinschmeckergerichte müssen wir allerdings tiefer in die Tasche greifen. Und wochentags gibt es dort ein bezahlbares und nicht weniger leckeres Mittagsmenü (www.landhaus-tanner.de).

Einen Ausflug nach Traunstein planen wir unbedingt mit ein.

RUND UM DIE ZWEI SEEN

Bei einer Radtour können wir die schönsten Winkel rund um die beiden Seen erkunden. Die fantastischen Aussichten auf die Salzburger und Berchtesgadener Berge versüßen uns obendrein die Rundfahrt. Noch dazu ist die Tour nicht zu lange und wir müssen kaum Höhenmeter bewältigen. Egal, von welchen der beiden Campingplätze wir starten, der Uferradweg gibt uns den Weg vor. Bei beiden Startplätzen gilt es zunächst wieder ein Stück vom See wegzuradeln, bis wir jeweils links auf den Radweg stoßen. Er startet unweit von Gaden gegen den Uhrzeigersinn um die Seen. (Natürlich könnte man auch in entgegengesetzter Richtung starten.)

Der Radweg neben der Staatsstraße 2104 bringt uns mehr oder weniger dicht am Seeufer entlang über Musbach zum Seeberg, einem großen Bauernhof links der Straße. Hier zweigt links ein Feldweg ab, der zuerst durch einen Wald und dann über die Felder auf das Dorf Petting zuführt. Wir erreichen Petting an seinem nördlichen Ende, wenden uns auf der Seestraße nach links und überqueren nach den letzten Häusern den Achenbach. Der Radweg neben der Fahrstraße führt in weitem Linksbogen nach **Tettenhausen**, wo sich die beiden Seen vereinen. Die großartige Aussicht über die Moränenhügel des Voralpenlandes auf die Berge ist einmalig. Tettenhausen eignet sich auch hervorragend für eine Einkehr oder zum Schwimmen im Strandbad.

Ruhigere, **naturbelassenere Badestellen** erreichen wir auch am Ostufer des **Tachinger Sees**. Dafür geht es an der Hauptstraße in Tettenhausen rechts, gleich wieder links für wenige Meter in die Bichelnerstraße und dann erneut links in den Seeleitenweg. Er führt leicht abwärts und nun unmittelbar am Ostufer des Tachinger Sees entlang. Zwischen den Bäumen gibt es immer wieder Badestellen. Am nördlichen Seeende radeln wir am Strandbad Aignsee vorbei nach **Tengling**. Parallel zur Autostraße beginnt ein Radweg, der uns mit herrlichen Ausblicken auf die nahen Alpen südlich führt. Über Taching erreichen wir wieder Waging.

(leicht, 3 Std., 100 Hm, 32 km).

AUSFLUG NACH TRAUNSTEIN

Von Waging aus schnappen wir uns den Bus oder die Bahn und fahren in weniger als 30 Minuten in die benachbarte **Kreisstadt Traunstein**, die ihren Namen von einem Steinblock erhalten hat, der irgendwann vom Hang herunterstürzte und mitten in der Traun liegenblieb. Bekannt wurde Traunstein durch seine **Saline**, die ihre Salzsole aus Bad Reichenhall durch die erste Pipeline der Welt, die berühmte Soleleitung, erhielt. Seit 100 Jahren aufgelassen, kann man das Salinengelände mit den alten Anlagen heute noch besichtigen. Das Zentrum der Stadt ist der langgestreckte **Stadtplatz** mit der barocken Pfarrkirche St. Oswald, auf dem wie zu früheren Zeiten das Leben pulsiert. Vor der Kirche erinnert ein Standbild an den wohl berühmtesten Sohn der Stadt, Joseph Ratzinger, der, in Marktl geboren, seine Kindheit in Traunstein verbrachte. Als **Papst Benedikt XVI.** ist er weltweit bekannt geworden. Es macht Spaß, durch die stillen Winkel der Altstadt zu schlendern, um neben der großen **Hofbräuhaus-Brauerei** auch die Biere der beiden kleinen Brauereien Wochinger und Schnitzlbaumer zu versuchen. Weit über die Stadt hinaus bekannt ist die alljährliche **Pferdewallfahrt** von Traunstein nach Ettendorf, an der am Ostermontag über 500 Pferde mit ihren Reitern teilnehmen.

AUF EINEN BLICK

STADT/REGION: Waginger See
BESTE REISEZEIT: Von Mai bis Oktober
OPTIMALE REISEDAUER: 2 Tage
TOURISTINFORMATION: Touristinfo Waging,
Salzburger Straße 32, 83329 Waging, Tel. 08681/313,
www.waginger-see.de

CAMPINGPLATZ STRANDCAMPING WAGING

ADRESSE: Am See 1, 83329 Waging, Tel. 08681/552,
www.strandcamp.de
ANFAHRT: Autobahn A 8 Ausfahrt Traunstein, über Traunstein nach
Waging am See. Von der Ortsumgehungsstraße aus beschildert.
GPS: 47.943097, 12.747227

Der große, mit fünf Sternen ausgezeichnete Platz liegt zwischen dem
Waginger See und dem Ort Waging. Er bietet jeden erdenklichen
Komfort. Stellplätze in unterschiedlicher Größe, einige davon direkt
am Ufer. Große Liegewiese am Kurhaus mit Restaurant, das zum
Campingplatz gehört. In unmittelbarer Nachbarschaft zum Campingplatz befindet sich der Wellnessgarten Waging mit Badelandschaft
und mehreren Saunen.

CAMPING SCHWANENPLATZ

ADRESSE: Schwanenplatz 1, 83329 Waging, Tel. 08681/281,
www.schwanenplatz.de
ANFAHRT: Autobahn A 8 Ausfahrt Traunstein, über Traunstein nach
Waging am See. Auf der Ortsumgehungsstraße geradeaus über
den Kreisverkehr, dann rechts Richtung Freilassing abbiegen. Nach
ca. 1 Kilometer links abbiegen Richtung See (beschildert).
GPS: 47.936778, 12.760935

Ein ruhiger und kleinerer Platz, der ebenfalls direkt am See liegt und
mit herrlichen Badeplätzen aufwarten kann. Sein kleines und gemüt-
liches Restaurant bietet ausgezeichnete Gerichte an.

Freizeitspaß Strandcamping Waging

BURGHAUSEN

In der längsten Burg der Welt

▲ Burghausen an der Salzach ◄ »Prometheus« vor dem Kloster Raitenhaslach
▶ Das Haus der ehemaligen kurfürstlich-bayerischen Regierung

In Burghausen steht die längste Burganlage weltweit. Das alleine schon wäre ein Grund für einen Besuch. Aber das ist noch lange nicht alles. Die malerische Stadt mit ihren engen Gassen schmiegt sich an den Flusslauf der Salzach und ist optimal gelegen, um den Rupertigau mit dem Fahrrad zu erkunden.

Um die malerische Altstadt und die Burg zu erkunden, können wir gut den Bus wählen, denn zur Burg hinauf geht es sowieso nur zu Fuß. Die nächst gelegene City-Bushaltestelle heißt »Diabelli« und ist über die Berghamer-straße und dann links in der Bachstraße zu erreichen (Bus am Wochenende stündlich). Natürlich können wir auch die Räder nehmen. Dann radeln wir durch die Berghamer Straße, am Landhotel Reisinger rechts haltend in die Tittmoninger Straße, die uns zur Altstadt führt.

RUNDGANG DURCH BURGHAUSEN

Jetzt tauchen wir in die geschichtsträchtige Stadt ein und machen uns an einen Stadtrundgang. Burghausens Wohlstand beruhte lange auf dem Salz, das mit Schiffen auf der Salzach nach Norden transportiert wurde. Diese Fracht ließ man sich teuer bezahlen. Kein Wunder, wenn die Schiffsmeister, die dafür verantwortlich waren, reiche Leute waren. Ihre Häuser waren oft aufwändig gebaut und geben heute nicht nur Burghau-sen, sondern auch den anderen Städten entlang der Salzach ihr Gesicht. Dann kam durch die Eisenbahnen, die in der Mitte des 19. Jahrhunderts überall gebaut wurden, der Schiffsverkehr in kurzer Zeit fast völlig zum Erliegen. Die Einnahmen brachen von heute auf morgen völlig weg. An-reize zum Neubau von Häusern gab es nicht mehr und so blieben die Städte in ihrer alten Form erhalten und begannen langsam, aber sicher zu verfallen. Erst in der Nachkriegszeit erkannte man ihren historischen Wert. Der Fremdenverkehr tat ein Übriges und so begann man mit einer behutsamen Konservierung und Sanierung, so dass wieder Leben in die Städte einkehren konnte.

Neben der wunderschönen Altstadt punktet Burghausen natürlich mit seiner herzoglichen Burg, die sich mit ihren 1051 Metern längste Burg der Welt nennt. Sie ist, bis auf die Innenräume der Hauptburg, frei zugäng-lich. Ein Spaziergang durch die Burghöfe und ein Besuch der herzoglichen

◄ Im Freibad des Wöhrsee direkt unter der Burghausener Burg
Storchenbrunnen in Tittmoning ►

Räume in der Hauptburg sind Pflicht für jeden Besucher Burghausens. Natürlich gibt es heute viele Wege, um auf die Burg zu kommen. Wir haben immer den Burgsteig vorgezogen, der unmittelbar hinter der Pfarrkirche St. Jakob beginnt und uns direkt vor die Tore der Hochburg bringt. Früher streng bewacht, können wir heute durch das geöffnete Torhaus beruhigt in das Allerheiligste der Burg vordringen. Hier war die Wohnung und die Kapelle der bayerischen Herzöge, wir können die Räume besichtigen (Eintritt) und auch auf den Burgturm steigen, der uns weit über das Land schauen lässt. Einst wohnte Hedwig von Polen, die Braut der Landshuter Fürstenhochzeit, dort. Allerdings nicht, wie oft erzählt wird, als einsame Frau in Verbannung, sondern als recht glückliche Ehefrau. Allein ihr Hofstaat umfasste 100 Personen. Hedwig war wohl froh, hier sicher und geschützt leben zu können, während ihr Mann seinen Regierungsgeschäften nachging. Vor dieser Hochburg reihen sich fünf große Höfe, die jeweils mit einem Tor verschlossen waren. Es war eine Stadt in der Stadt, die nur dadurch verständlich wird, wenn man z. B. bei einer Führung erfährt, dass die bayerischen Herzöge Burghausen als ihre Hauptburg und Landesfestung ansahen. Zwei bis drei Stunden vergehen im Burgareal wie im Flug. Den weiten Stadtplatz unterhalb der Burg mit der gewaltigen Stadtpfarrkirche **St. Jakob** kann man am besten von einem der Straßencafés auf sich wirken lassen. Dann kann man sich in der Fußgängerzone In den Grüben in das Mittelalter versetzen lassen, als dort Handwerker ihre Waren anboten. Sie ist heute ein In-Viertel, in dem neben Handwerkern auch Kneipen, Antiquariate, Galerien und Kunstgewerbeläden zu finden sind. Es macht Spaß, sich Zeit zu nehmen und durch die Gassen zu schlendern. In Burghausen liegt direkt etwas westlich unter der Burg der **große Wöhrsee**. Dort gibt es ein wunderbares Freibad mit langer Geschichte. Der Wöhrsee ist aus einem ehemaligen Arm der Salzach entstanden und Baden hat darin seit weit über 100 Jahren Tradition. Man kann sich dort übrigens auch **SUPs** ausleihen.

 EIN EINKEHRSCHMANKERL liegt direkt unterhalb des Stellplatzes: der urige Gasthof Pentenrieder. Das ist eine fast 200 Jahre alte Traditionswirtschaft mit gutbürgerlicher Küche. Wer in Burghausen etwas Authentisches sucht, ist beim Pentenrieder absolut richtig. Ein Highlight ist der Apfelpfannkuchen.

ENTDECKUNG DES RUPERTIGAUS

Auf dieser **Radtour** wollen wir das Land südlich von Burghausen erkunden, das gemeinhin als **Rupertigau** bezeichnet wird. Wir starten am Wohnmobilstellplatz, radeln zunächst Richtung Ortsmitte von Burghausen. Wenn wir in der Tittmoninger Straße sind, folgen wir ihr in Richtung Flussbrücke und können kurz davor auf den Salzach-Uferradweg abbiegen. Dann geht es an der Pfarrkirche St. Jakob vorbei hinunter zum Salzachufer. Diesem folgen wir flussaufwärts und erreichen die **Abtei Raitenhaslach**. Nicht nur der Biergarten ist einen Besuch wert, sondern auch die barocke Klosterkirche mit ihren reichen Deckenfresken.

Wir verlassen das Klostergelände auf der vom Biergarten her gesehen linken Straße und fahren den Berg etwas aufwärts. Bei der ersten Kreuzung geht es rechts, am Sportplatz vorbei und dann aufwärts zur Bundesstraße B 20. Etwas nach links versetzt nehmen wir die schmale Straße rechts, kommen durch Oberhadermark und treffen bei einem Wartehäuschen auf die Markierung des **Salzhandelsweges**, dem wir nun mit vielen Zicks und Zacks bis **Tittmoning** folgen.

◀ Mittelalterliches Burgfest ▶ Malerische Spitalgasse in Burghausen

Tittmoning wirkt viel bescheidener als Burghausen. Kein Wunder, schließlich gehörte es den Salzburger Bischöfen, und die hatten dem Reichtum der bayerischen Herzöge nicht viel entgegenzusetzen. So thront eine Burg über dem Ort, aber diese sollte nicht prunken, sondern wirkungsvoll bayerische Ambitionen abwehren. Der romantische Burghof ist frei zugänglich, im Inneren finden wir das Museum Rupertiwinkel mit seiner einzigartigen Sammlung von Schützenscheiben aus vier Jahrhunderten. Der Stadtplatz mit seinem berühmten Storchenbrunnen erinnert ein klein wenig an Salzburg. Aber das Rathaus und die Schiffsmeisterhäuser zeigen deutlich, dass man sich auch in Tittmoning einiges leisten konnte. Der Rückweg beginnt am Stadtplatz von Tittmoning. Wir fahren durch das Burghauser Tor und biegen rechts Richtung Salzach ab. Vor der Brücke geht es zuerst nach rechts, dann unter der Brücke hindurch auf den Weg neben dem Damm. Der Weg ist zuerst schlechter, aber noch gut mit Tourenrädern befahrbar. Dann kommt eine kurze Stelle, an der man teilweise schieben muss. Hier ist der Boden durch die ständigen Hochwasser sehr sandig. Doch die Mühe lohnt sich, es geht durch einen wilden Auwald mit uralten Weiden und Erlen, die oft dick mit Moos bewachsen sind. Knapp sechs Kilometer nach der Brücke, wir sind schon lange wieder auf einem besseren Weg unterwegs, kommen wir an die alte Grenze Bayern/Salzburg. Ein Schild weist uns ein Stück den Hang hinauf. Dort steht noch der Grenzstein von 1721 und erzählt von den alten Machtverhältnissen. Wir radeln weiter und erreichen an Raitenhaslach vorbei wieder Burghausen.

Ein tolles Wochenende, um Burghausen zu besuchen, ist jedes Jahr das zweite Juliwochenende. Da findet das große historische Burgfest statt. Mit Rittern, Burgfräulein, Gauklern, Musikern und Handwerkern herrscht reges mittelalterliches Treiben in der weltlängsten Burg.

AUF EINEN BLICK

Info

STADT/REGION: Burghausen
BESTE REISEZEIT: Ganzjährig, sofern das Wohnmobil wintertauglich ist
OPTIMALE REISEDAUER: 2 Tage
TOURISTINFORMATION: Burghauser Touristik GmbH, Stadtplatz 99, 84489 Burghausen, Tel. 08677/88 71 40, www.visit-burghausen.com

STELLPLATZ BURGHAUSEN

ADRESSE: Berghamer Straße 1, 84489 Burghausen
ANFAHRT: Autobahn A 94 Ausfahrt Marktl, weiter auf der B20 nach Burghausen, an den Industrieanlagen vorbei und bei dem großen Straßendreieck rechts in die Burgkirchner Straße. Beim Kreisverkehr dritte Ausfahrt in die Bachstraße, an ihrem Ende links zum Stellplatz.
GPS: 48.154728, 12.80853

Der relativ einfache Stellplatz bietet eine ruhige Übernachtungsmöglichkeit. Kein Platzwart, Parkgebühr zahlt man am Automaten. In der Stellplatzgebühr ist die Nutzung der sanitären Anlagen inkludiert (WC ganzjährig, Duschen von 1.4. bis 31.10.). Wer die Sanitäranlagen nutzen will, erhält den Schlüssel im Bürgerhaus (Marktler Straße 15a) oder im Café am Stadtpark. Möglichkeit zur Frischwasserversorgung, Abwasser- und Chemietoiletten-

Der Stellplatz von Burghausen

entsorgung. Gegenüber gibt es einen Grillplatz. Zur Altstadt sind es ca. 2 Kilometer, ideal mit dem Fahrrad. Es gibt in der Nähe aber auch eine Bushaltestelle.

ORTS- UND SACHREGISTER

IMPRESSUM

Verantwortlich: Kerstin Thiele
Lektorat: Daniela Hansjakob
Layout- und Umschlaggestaltung:
Helene Schumacher
Satz: Silke Schüler
Repro: LUDWIG:media
Kartografie: Huber Kartografie
Herstellung: Anna Katavic,
Stephanie Schlemmer
Printed in Slovenia by Florjancic

★ ★ ★ ★ ★

Sind Sie mit diesem Titel zufrieden? Dann würden wir uns über Ihre Weiterempfehlung freuen. Erzählen Sie es im Freundeskreis, berichten Sie Ihrem Buchhändler, oder bewerten Sie es bei Onlinekauf. Und wenn Sie Kritik, Korrekturen, Aktualisierungen haben, freuen wir uns über Ihre Nachricht an Bruckmann Verlag, Postfach 40 02 09, D-80702 München oder per E-Mail an lektorat@verlagshaus.de.

Unser komplettes Programm finden Sie unter 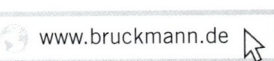 www.bruckmann.de

Alle Angaben dieses Werkes wurden von den Autoren sorgfältig recherchiert und auf den neuesten Stand gebracht sowie vom Verlag geprüft. Für die Richtigkeit der Angaben kann jedoch keine Haftung übernommen werden, weshalb die Nutzung auf eigene Gefahr erfolgt. Insbesondere bei GPS-Daten können Abweichungen nicht ausgeschlossen werden. Sollte dieses Werk Links auf Webseiten Dritter enthalten, so machen wir uns die Inhalte nicht zu eigen und übernehmen für die Inhalte keine Haftung.

In diesem Buch wird aus Gründen der besseren Lesbarkeit das generische Maskulinum verwendet. Weibliche und anderweitige Geschlechteridentitäten werden dabei ausdrücklich mitgemeint, soweit es für die Aussage erforderlich ist.

Umschlagvorderseite: Kloster Andechs ist immer einen Besuch wert.
Umschlagrückseite: Unbeschwertes Fahren in dem Ammergauer Alpen

Die Deutsche Nationalbibliothek verzeichnet diese Publikation in der Deutschen Nationalbibliografie; detaillierte bibliografische Daten sind im Internet über http://dnb.d-nb.de abrufbar.